Piedad Bonnett

O que não tem nome

Tradução

Elisa Menezes

LO QUE NO TIENE NOMBRE, © 2013 by Piedad Bonnett
Prólogo © 2023 Piedad Bonnett. Publicado originalmente na
edição comemorativa de 10 anos da Alfaguara.
© 2024 DBA Editora

1ª edição

PREPARAÇÃO
Carolina Kuhn Facchin

REVISÃO
Paula Queiroz
Eloah Pina

ASSISTENTE EDITORIAL
Gabriela Mekhitarian

DIAGRAMAÇÃO
Letícia Pestana

CAPA
Isabela Vdd/Anna's

© IMAGEM DE CAPA: Autorretrato (2001), de Daniel Segura Bonnett
© IMAGENS INTERNAS: Serie embozalados (2007-2008), Hombre
con mordaza (2002), Estudio sobre Rembrandt (2001-2002) e
Bitácora (2008), de Daniel Segura Bonnett © FOTOGRAFIA DAS
OBRAS: Óscar Monsalve

Impresso no Brasil/*Printed in Brazil*

Todos os direitos reservados à DBA Editora.
Alameda Franca, 1185, cj 31
01422-001 — São Paulo — SP
www.dbaeditora.com.br

Dados Internacionais de Catalogação na Publicação (CIP)
(Câmara Brasileira do Livro, SP, Brasil)

Bonnett, Piedad

O que não tem nome / Piedad Bonnett ; tradução Elisa Menezes. -- 1. ed.

São Paulo : Dba Editora, 2024.

Título original: Lo que no tiene nombre.

ISBN 978-65-5826-075-2

1. Depressão 2. Esquizofrenia 3. Literatura colombiana I. Título.

CDD-co863   23-184662

Índices para catálogo sistemático:
1. Ficção : Literatura colombiana co863
Tábata Alves da Silva - Bibliotecária - CRB-8/9253

Para Rafael, Renata e Camila

[...] esta história na verdade diz respeito
ao que não tem nome, com segundos de
horror para os quais não há linguagem.
Peter Handke

Você acha que nunca vai acontecer com
você, que não pode acontecer com você, que
você é a única pessoa no mundo com quem
nenhuma dessas coisas jamais há de acontecer,
e então, uma por uma, todas elas começam a
acontecer com você, do mesmo modo como
acontecem com todas as outras pessoas.[1]
Paul Auster

[...]
futuco meus sentimentos
estou viva.
Blanca Varela

SUMÁRIO

PRÓLOGO	13
I. O IRREPARÁVEL	19
II. UM EQUILÍBRIO PRECÁRIO	51
III. A QUARTA PAREDE	105
IV. O FINAL	131
ENVIO	141
NOTAS	143

PRÓLOGO

De maneira geral, tenho dificuldade em voltar aos livros que escrevi, em parte porque fico entediada, em parte por temer que minha autocrítica desperte e me cause um desconforto que já não está ao meu alcance remediar. Mas a razão fundamental para que eu, há muito anos, não consiga reler *O que não tem nome* é outra: temo reviver uma dor que o tempo conseguiu serenar, mas que dilacera e machuca cada vez que algum detalhe, alguma lembrança a desperta de sua falsa letargia. Apesar disso, quando algum dos meus leitores me diz que gostaria de ler o livro mas que não teve coragem, eu o incentivo, baseando-me em todos aqueles que me disseram que a leitura lhes serviu de consolo e companhia.

Escrevê-lo também foi uma forma de me consolar pela morte de Daniel, de recuperá-lo ainda que fosse através da ilusão da palavra. Mas eu não o escrevi para me curar – porque nada pode curar a perda de um filho que teve de recorrer ao suicídio para cessar o sofrimento, o declínio e a incerteza quanto ao futuro –, e sim para tentar entender. Para me interrogar sobre os erros cometidos, pela natureza de uma doença sobre a qual ele se calava, e sobre quem de fato foi aquele garoto calado e cheio de talento, que eu, como mãe, só pude conhecer daquela forma parcial como se conhece um filho. Outras necessidades se impuseram ao longo do caminho da escrita: reivindicar o direito fundamental do ser humano ao suicídio, mostrar quanta coragem e dor pode haver naqueles que sofrem de uma doença mental, e questionar a noção de sucesso que rege esta sociedade ferozmente competitiva que fez da produtividade o seu valor mais relevante.

Nunca poderia imaginar, porém, que *O que não tem nome* pudesse tocar uma ferida tão profunda, a daqueles que sofrem em silêncio por medo da incompreensão, do estigma, da vergonha, do julgamento alheio. Ou pelo destino de algum de seus entes queridos. No próprio dia do lançamento do livro, muitos leitores me abordaram para falar, em voz baixa, de si mesmos ou de seus filhos, cônjuges, irmãos, todos sofrendo, alguns trancafiados, outros desaparecidos, e outros ainda lutando diariamente com o fardo de suas vidas partidas. Alguns me pediram nomes de médicos, outros nomes de remédios, e outros apenas me abraçaram, buscando a solidariedade de quem talvez pudesse compreendê-los. Uma avalanche de histórias e lágrimas quase me devastou nos meses seguintes, e me expus a ela conscientemente quando compreendi que esse também era um caminho para conhecer o outro, o que em última análise é o que um escritor busca. Guardo muitas dessas histórias na memória: a dos pais que me falaram de seu filho músico, acometido pela esquizofrenia, que durante várias noites se dedicou à tarefa de trocar as teclas de seu piano para adequá-las à sua condição de canhoto; a da senhora idosa que se levantou depois de uma das minhas apresentações para me agradecer por agora conseguir falar em voz alta sobre o suicídio do filho, ocorrido trinta anos antes, e cujo nome não era pronunciado na família desde então; a da mãe que me contou como cuidou de seu filho destroçado após sobreviver a uma queda de cinco andares. A dos sobreviventes, que às vezes me mostravam suas cicatrizes.

Guardo muitas cartas comoventes: a do rapaz que dizia ter lido *O que não tem nome* durante uma noite inteira, à luz do celular, enquanto velava o pai doente no hospital, e que ao lê-lo confirmou que sofria do mesmo mal que Daniel, porque frequentemente sentia que havia câmeras o espionando em seu quarto; as de Mary, que com inteligência e humor zombava de sua "loucura" e narrava os infortúnios sofridos com o indolente e incompreensivo serviço médico. As brilhantíssimas cartas de Andrés, que estudou biologia e, forçado pela doença a renunciar ao que um dia foi uma vida laboriosa, refletia nelas sobre o destino, a existência de Deus, seu entorno familiar e muitas outras coisas. As de um jovem desenhista que inspirou o personagem Gabriel, do meu romance *Donde nadie me espere* [Onde ninguém me espere], que com uma prosa cheia de sensibilidade me contou como, à noite, subia até o terraço de sua casa para desenhar detalhadamente o que via em seu jardim, como forma de transcendência. Todas elas me comoveram e me levaram às lágrimas, porque me permitiram ver lampejos de muitas mentes criativas e luminosas ameaçadas pela doença mental, e também a imensa solidão desses jovens confusos frente às turbulências de suas mentes, e frequentemente preocupados com seu futuro. Foi duro responder aquelas cartas porque não tinha muitos argumentos para confortá-los. Mas eu me dava forças dizendo a mim mesma que talvez minha voz do outro lado pudesse ser de alguma serventia para eles, assim como foram, para Alejandra Pizarnik – a poeta argentina que decidiu acabar com suas depressões aos 36 anos com uma dose de Seconal –, as amorosas canções de ninar que Olga Orozco, outra poeta extraordinária, cantava para ela ao telefone durante as madrugadas, como forma de acompanhá-la em suas angústias.

Ao viver as experiências trazidas pela publicação do livro, entendi que às vezes nós, escritores, às voltas com considerações intelectuais sobre o nosso ofício, esquecemos que a literatura tem o dever de mover emoções, aquelas que certamente influenciaram a nossa própria vocação. É lindo constatar mais uma vez quantas coisas uma história dramática pode produzir em nossos leitores e como eles procuram nos livros aquilo com que possam se identificar, sentir empatia, admiração e compaixão. Algo que ficou claro para mim ao ver chorando, nos auditórios, aqueles mesmos médicos que durante as consultas permanecem impassíveis frente à dor da doença mental, como a prática de sua profissão lhes impõe.

Sou imensamente grata por tudo o que este livro me proporcionou. Pelo fato de há anos ele ser lido em escolas e universidades, onde o tema do suicídio sempre foi um tabu e a doença mental uma grande desconhecida; pelas campanhas de conscientização baseadas nele; por ter sido acolhido por muitas pessoas que não se consideravam leitoras, mas que o passaram de mão em mão no trabalho e no seio familiar, e que talvez agora estejam à procura de outras leituras. E por ter me permitido lidar com a morte de Daniel de uma forma diferente. Foi muito estimulante para mim ouvir *O que não tem nome* ser descrito como uma carta de amor, como escreveu à época o escritor Oscar Collazos. Ou ouvir um leitor afirmar que Daniel já é um personagem da literatura colombiana, e tantos e tantas jovens dizerem que o amaram à medida que o conheciam nas páginas que escrevi. Hoje meu filho teria quarenta anos. Graças ao milagre que a literatura sempre opera, ele vive eternamente nestas páginas com seus recém-completos vinte e oito anos. E renasce em cada leitor que decide ler *O que não tem nome*, com todas as suas luzes e suas sombras.

PIEDAD BONNETT

I. O IRREPARÁVEL

Procuramos uma vaga para estacionar e a encontramos a uns cinquenta metros do antigo prédio de cinco andares que se ergue, digno, mas sem graça, quase no final da 84th, entre a 2nd e a 3rd, uma daquelas típicas ruas do Upper East Side, tradicionais e quase sempre tranquilas, apesar das muitas lojas que funcionam nos andares térreos. Do bagageiro, tiramos duas malas grandes, leves porque estão vazias. Antes de chegar à entrada, e como se movidos pelo mesmo pensamento, paramos e olhamos para cima, calculando os quatro andares que devemos começar a subir. Camila abre a porta, e surgem o hall, amplo e sombrio – um espaço onde o mínimo barulho faz eco –, e a escada de granito, a mesma que no último mês de agosto nos pareceu eterna enquanto ela, Renata e eu subíamos e descíamos, animadas e ofegantes, carregando toda sorte de pertences. Agora, em vez disso, há certa tensão em nosso silêncio, na maneira ao mesmo tempo lenta e impaciente com que subimos os degraus, contra os quais tilintam as rodas de metal das malas.

Pamela abre a porta e nos recebe com abraços apertados e aquele seu sorriso lindo que nem mesmo a tristeza é capaz de ofuscar. Após uma breve troca de palavras, atravessamos a cozinha e a sala de estar e entramos lentamente no quarto.

A primeira coisa registrada pelos meus olhos é a enorme janela aberta, e, atrás dela, a escada de incêndio que dá para a rua. Examino tudo, rápido, de relance: a cama feita com esmero, a escrivaninha abarrotada de livros, os cadernos que se apoderam da mesa de cabeceira, o paletó xadrez cuidadosamente pendurado na cadeira. Durante alguns segundos não dizemos nada, não fazemos nada, apesar do turbilhão de emoções que nos agita por dentro. Então Camila abre o armário e vemos os sapatos alinhados, as camisetas e os suéteres arrumados. É o quarto de alguém organizado, rigoroso, asseado. Confusos, trocamos frases curtas que pretendem ser eficientes, dividimos entre nós os espaços para podermos cumprir a tarefa que nos trouxe até aqui. Ninguém chora: se um de nós se rendesse ao choro, arrastaria os outros com sua dor.

Por um instante, sinto que profanamos um espaço íntimo e alheio com a nossa presença; mas, também, de maneira atroz, que estamos em um *palco*. Me pergunto o que aconteceu aqui nos últimos vinte minutos de vida de Daniel. Será que ele manteve um último diálogo ansioso, desesperado, doloroso consigo mesmo? Ou será que sua lucidez foi obscurecida por um exército de sombras?

Olhando para este quarto austero, onde cada coisa cumpria sua função, tinha um sentido, lembro-me dos versos de Wisława Szymborska que li durante anos com meus alunos e que parecem ter sido escritos para este momento:

Não parecia que o quarto fosse
sem saída, pelo menos pela porta,
nem sem vista, pelo menos pela janela.

Os óculos para longe largados no parapeito.
Uma mosca zunindo, ou seja, ainda viva.

Devem achar que ao menos a carta explicasse algo.
E se eu lhes disser que não havia carta —
éramos tantos os amigos e coubemos todos
no envelope vazio apoiado no lado do copo.[2]

***

Reviso os livros e cadernos um por um. Do fundo do meu coração imploro para que apareça um diário, alguma anotação de caráter pessoal. Mas há apenas trabalhos críticos ou anotações de aula, escritas com letra miúda, apertada, minuciosa. Em sua mochila, encontro o pequeno cartão-postal que enviei dois dias antes, junto com dinheiro, e que diz: *Para você se dar um agrado. Da sua mãe, que te ama.* Camila abre as gavetas da cômoda e tira camisas e meias. Dentro de um par, encontra um rolinho de dólares, enfiado ali para ficar a salvo de um possível intruso. Então Rafael, meu marido, chama a nossa atenção para algo que acaba de encontrar: cuidadosamente alinhados sobre a escrivaninha estão o relógio, a carteira, o iPod, o celular. Nossos olhos se enchem de lágrimas.

Quando saímos, agora com as malas carregadas, a porta do apartamento vizinho se abre, e duas velhinhas muito enrugadas, evidentemente esperando algum barulho nosso para sair, nos dão um buquê de flores e um cartão, e nos abraçam, emocionadas. Nesse momento, um casal com uma criança aparece no patamar; ficam parados, tímidos. Somos os parentes do estudante que se matou ontem? Eles também lamentam muito.

A mulher, uma jovem loura, de semblante gentil, conta que estava lá na hora da tragédia e o ouviu correndo. Minha filha Camila se surpreende, se adianta: *você ouviu ele correndo?, onde você estava?* No apartamento dela, no último andar. De lá ouviu um tropel de passos no teto. Então tudo fica claro: a janela aberta, a escada de incêndio que sobe até a cobertura do prédio.

***

Daniel morreu em Nova York, no sábado, 14 de maio de 2011, à uma e dez da tarde. Tinha acabado de completar vinte e oito anos e estava há dez meses cursando um mestrado na Universidade Columbia. Renata, minha filha mais velha, me deu a notícia por telefone duas horas depois, com quatro palavras, das quais a primeira, proferida com voz hesitante, consciente do horror que desencadearia do outro lado, foi, obviamente, *mãe*. As três restantes davam conta, sem rodeios ou mentiras piedosas, do fato, da informação pura e simples de que alguém infinitamente amado se foi para sempre, nunca mais olhará ou sorrirá para nós.

Nestes casos, trágicos e surpreendentes, a linguagem nos remete a uma realidade que a mente não consegue compreender. Antes de perguntar os detalhes à minha filha, de me entregar à indagação, minhas palavras negam repetidamente, num pequeno acesso de raiva sem sentido. Mas a força dos fatos é incontestável: "Daniel se matou" significa apenas isso, indica apenas um acontecimento irreversível no tempo e no espaço, que ninguém pode mudar com uma metáfora ou um relato diferente.

Daniel se matou, repito sem parar na minha cabeça, e embora saiba que minha língua jamais poderá pronunciar o que está para além da linguagem, hoje volto teimosamente a lutar com as palavras para tentar mergulhar nas profundezas de sua morte, sacudir a água parada, buscando, não a verdade, que não existe, mas sim os rostos que ele teve em vida a aparecerem nos reflexos oscilantes da superfície escura.

**

Seu filho morreu, e você deve fazer uma mala para viajar até onde o cadáver dele a espera. E é o que você faz. Alguém lhe ajuda, diz *uma calça preta*, diz *é melhor colocar os sapatos em um saco*. Faz três horas, três horas de um tempo que já começou a correr para a sua dissolução, e você não desmaiou, não caiu de joelhos no chão nem está cambaleando à beira da vertigem ou da loucura. Não. Como dizem os manuais do luto, você está em estado de choque ou embotamento. A sua dor, a dos primeiros minutos após a notícia, se transformou em fria estupefação, em espanto, em uma aceitação semelhante à que surge quando entramos na sala de cirurgia ou constatamos que perdemos o voo para uma cidade distante. Você tenta pensar em meias, pijamas, remédios, e repete mentalmente, interna-mente, as palavras que acaba de ouvir, desejando que algo físico a tire do estupor, um ataque de choro, uma febre repentina, uma convulsão, algo que venha para destruir esta serenidade que tanto se assemelha à mentira, à própria morte. *Coloquei um cachecol na sua mala*, diz a voz. Perfeito, obrigada.

**

A vida cotidiana costuma ser rude. No aeroporto, antes da meia-
-noite, o funcionário da companhia aérea nos recebe aborrecido.
Por que chegamos tão tarde ao balcão de check-in? Explicamos
a ele que nosso filho morreu há algumas horas, que vamos pegar
o último voo, o único ainda com assentos livres, que foi difícil
conseguir as passagens. O homem, sem olhar para nós, confere
os passaportes com a mesma expressão desconfiada de tantos
neste país, para quem seus compatriotas são sempre culpados.
Observo suas mãos magras, com unhas mal cortadas, o espal-
hafatoso anel de ouro e pedras no dedo mindinho, os lábios
contraídos, o cenho franzido que não muda nada ao ouvir nossas
explicações. "Podem ir", murmura. E isso é tudo o que diz.

***

Temos que dormir, digo a mim mesma, porque o que nos espera
é árduo, devastador. Mas a tarefa não é simples. Primeiro, porque
o pensamento não se cala, fica zumbindo na minha cabeça como
um besouro aprisionado. Segundo, porque estou me recuperando de uma cirurgia feita há menos de uma semana e ainda
sinto dor.

Certa vez escrevi que no ar "o tempo infla como um parêntese", e hoje confirmo isso nestas seis longas horas de voo atra-
vessadas por visões. A sensação, avassaladora, é de estranheza,
de incredulidade: será possível que eu seja essa pessoa que viaja
para enterrar o filho?

Sim, Piedad. É um fato. Aconteceu. E nunca palavras tão
precisas soaram tão irreais para mim.

Com os poucos elementos de que disponho, reconstruo
imaginariamente as circunstâncias, as que fazem da morte um

acontecimento único, mas desta vez mais único, porque Daniel não morreu plácido em sua cama, entorpecido por calmantes, como todos sonhamos morrer, e sim pulando do alto de um prédio de cinco andares para se estatelar no asfalto.

Tento pensar na batalha que ele deve ter travado entre o desejo de acabar e seu medo, e me pergunto se foi um suicídio por impulso, um ato irrefletido, ou o contrário, uma ação premeditada, o que os especialistas chamam de um "suicídio por balanço". Será que ele foi antes até a cobertura para preparar o terreno? No que estava pensando quando pulou? O que se sente durante a queda? Perdemos a consciência? Nas últimas horas, nós que o amávamos passamos por sua cabeça? As perguntas alçam voo e morrem em seguida, vencidas, derrotadas.

"A verdade é sempre um emaranhado", escreve Javier Marías.[3]

***

Lá em cima, em meio à escuridão da noite, sou assaltada por imagens implacáveis. Imagens de vida, imagens de morte. E revivo o nascimento de Daniel entre a água, a luz fraca da sala de parto, a música, o corpinho ainda preso ao cordão umbilical colocado cuidadosamente em meu peito para que eu pudesse acariciá-lo e beijar sua cabeça ainda pegajosa: toda uma encenação com ares de nova era, um pouco comovente, um pouco melosa, planejada para que sua entrada neste mundo fosse uma suave transição; e penso em toda essa ternura e cuidado vencidos pelas sombras transtornadas do medo e da morte.

***

Quando estamos em seu quarto, e enquanto os outros se encarregam de examinar sua roupa e seus objetos, empilho os livros na mala. De repente, como se o acaso guardasse suas pistas, meus olhos se detêm na capa de um livro de Jenny Saville, uma das artistas favoritas de Daniel, que reproduz *Reverse*, uma pintura mostrando um rosto jovem, inchado, apoiado de lado sobre uma superfície brilhante que devolve parcialmente seu reflexo. As pinceladas sugerem que há sangue nele, e também na boca, entreaberta num gesto grotesco. Os olhos abertos são de um vazio atroz.

***

Encontro também o arquivo de desenhos e pinturas compilados meticulosamente por Daniel ao longo de toda sua carreira e o folheio agora de um modo diferente, em busca de revelações. Vejo um estudo de mulher, uma boneca assustadora e ao mesmo tempo obscena, vários autorretratos de 2001, perturbadores, dolorosos; vejo o registro de pinturas a óleo com motivos abstratos, gravuras, desenhos a carvão, à tinta acrílica... Sua contenção e força evocativa me impressionam, o limite sutil entre a emotividade dos temas e o rigor da técnica.

Aos dezoito anos, Daniel começou a estudar arte. O desenho e a pintura eram sua paixão havia bastante tempo, e por isso durante o colégio ele teve aulas com um professor e frequentou a Art Students League de Nova York por dois verões.

Certa vez, ao voltar de um desses cursos, ele nos disse, entre brincalhão e orgulhoso, que muitos de seus colegas, todos mais velhos que ele, costumavam rodeá-lo enquanto pintava, admirados com sua habilidade. Embora ele mesmo não conseguisse acreditar completamente em seu talento, quando ingressou na faculdade de artes, parecia muito entusiasmado. No primeiro dia de aula, porém, chegou com um sorriso irônico: um de seus professores, talvez o de história da arte, havia dito, de maneira teatral, a frase devastadora que ele ouviria incessantemente ao longo dos quatro anos de universidade: "Jovens, esqueçam a pintura. Ela está morta".

**

"A vida é física." Sempre gostei desse verso de Watanabe. E também deste de Blanca Varela: "[...] é a vontade da alma/ que é o corpo". Poucas horas depois de sua morte, começo a sentir falta desesperadamente das mãos de Daniel, das bochechas por onde eu passava o dorso da minha mão quando o via triste, da testa que tantas vezes beijei quando ele era criança, das costas morenas de tanto sol. Sua singularidade. Seu jeito de rir, de andar, de se vestir. Seu cheiro. Uma ideia absurda me assombra: o universo nunca mais produzirá outro Daniel.

Haverá sempre quem me diga que nos resta a memória, que nosso filho vive de uma forma diferente dentro de nós, que devemos nos consolar com as lembranças felizes, que ele deixou uma obra... Mas a verdadeira vida é física, e o que a morte leva embora é um corpo e um rosto irrepetíveis: a alma que é o corpo.

**

Algumas horas depois de sua morte, minhas filhas me ligaram para perguntar se eu autorizaria a doação dos órgãos dele. Por um momento, a lembrança do corpo atlético de Daniel me fez estremecer; a beleza que, real ou não, fazia com que eu olhasse para meu filho com encantamento e orgulho secreto, e sussurrei um *não* desesperado. Me fizeram enxergar que seria um gesto mesquinho, que um ser desejoso de viver poderia ser salvo com o coração, com os pulmões. Então concordei, e, sentada na beira da cama, me dispus a ouvir a pessoa encarregada de tomar a minha declaração. Quem falava do outro lado era uma mulher, e seu tom era doce e firme ao mesmo tempo. Uma voz sempre cria um rosto imaginário, e eu pensei em uma cara morena, a de uma mulher gorda de olhos grandes e compassivos. Em seguida, ouvi serenamente suas condolências, as formalidades da lei, os agradecimentos antecipados e, depois, uma lista impensável de órgãos, que iam muito além do coração, rins, olhos.

— A pele das costas.

— Sim.

— Os ossos das pernas.

— Sim.

E Daniel, meu filho adorado, o jovem de lábios carnudos e pele bronzeada, foi se desfazendo a cada palavra minha. A vida é física.

***

Somos informados de que teremos de esperar pelo menos três dias até que o corpo seja entregue à funerária; preenchemos, então, as horas vazias das mais diversas formas, enquanto tenho um pensamento aterrador: agora, nas mãos dos legistas, seu corpo não é mais seu corpo, e sim um objeto frio cheio de dissecções. Grata, penso em Adam, o marido de Renata, a última pessoa da família a ver Daniel com vida e que teve a coragem de poupar minhas filhas do choque do reconhecimento. O preço é que agora ele terá de carregar para sempre a imagem do rosto de Daniel desfigurado pela morte.

Da cozinha de Renata, onde nos sentamos todas as manhãs para tomar café, vemos os carros passarem na rodovia, velozes e silenciosos, como num filme mudo. Uma névoa leitosa, que desceu até ficar rente ao chão, se espalha como uma gaze, distorcendo a visão da ponte e das árvores distantes. Chove, chove, chove. O tempo agora parece definitivamente estagnado.

Como na véspera da morte de Daniel recebi um prêmio literário, não param de chegar mensagens no meu telefone, que eu respondo uma por uma, às vezes apenas com breves palavras de agradecimento, quase sempre anunciando a terrível notícia. Começam a chegar mais e-mails novamente, dessa vez de pêsames. Neles o desconforto da morte tenta se cristalizar em palavras, mas quase todos reclamam de como elas são ineficazes, insuficientes.

No entanto, as mensagens distantes nos confortam, sempre com abraços incluídos. E a conversa carinhosa dos amigos nos proporciona também certa dose de entorpecimento, o suficiente para não cairmos no desespero. Por horas, cada um sentado em um lugar diferente da sala, ensimesmados nos computadores e celulares, às vezes parecemos representar uma peça de teatro do absurdo.

Na página de Daniel no Facebook minhas filhas publicaram a lacônica notícia anunciando que ele tirou a própria vida. A resposta, maciça e estrondosa, dolorosa e sentimental, é muito diferente da dos e-mails pessoais. Em vão, digo a mim mesma que não podemos mais evitar o frenesi multiplicado das redes, que existe verdade na tristeza exalada por todas aquelas mensagens; e, no entanto, sinto nessas ondas de emoção algo que se assemelha ao impudor.

Seguindo um antigo costume norte-americano, os amigos de Renata trouxeram comidas feitas por eles. Vêm até a porta, discretos, e se retiram imediatamente, para não perturbar a intimidade familiar. A geladeira vai se enchendo de pratos: há tacos, comida indiana, massas. Com essas oferendas, velam pela nossa sobrevivência, para que os afazeres domésticos não sobrecarreguem ainda mais os nossos corpos, já castigados pela tristeza. E de repente nos vemos saboreando um sorvete de chocolate, elogiando um molho, um pão macio, um peixe. Estamos vivos.

***

Concordamos desde o início que não haveria cerimônia religiosa e que não esconderíamos as circunstâncias da morte, muito menos a doença que precipitou o suicídio. Seus amigos, nossa família, as mulheres que o amaram precisam de uma explicação para essa tragédia brutal, prematura, aparentemente absurda, e sem dúvida apreciarão a verdade sem enfeites. Optamos também pela cremação e decidimos não repatriar as cinzas. A maneira natural e sem conflitos com que estamos tomando todas essas decisões evidencia para mim que existem certos horizontes vitais compartilhados pela família. O desaparecimento de um de nós possibilitou essa descoberta.

Verifico também, pelas nossas conversas, que estamos livres de fetichismos, superstições, falsos sentimentalismos, e que, para o bem e para mal, vemos a morte não como ponto culminante e uma passagem para outro lugar, mas daquela forma crua e ao mesmo tempo sem consolo a que a história moderna a reduziu: um fato simples, natural, tão aleatório quanto a própria vida. A única coisa a ser feita agora para tirá-la de sua condição de ato animal é recorrermos a um ritual de despedida bonito o bastante, que tenha a ver com o próprio Daniel e com aquilo em que nós acreditamos. E é isso que vamos fazer.

***

Somos informados de que é chegado o momento; o corpo já está na funerária, localizada no belo parque-cemitério de Green-Wood, e de que a hora da cremação se aproxima.

Tem chovido sem parar, mas quando meu marido, minhas filhas, meus genros e eu chegamos ao parque-cemitério, a paisagem se ilumina de repente, embora o sol esteja tão fraco que o efeito é melancólico. Não há túmulos à vista. E ainda que os altos ciprestes, as colinas, os caminhos, parecessem estar ali para falar de serenidade e paz, a única coisa que enxergo na natureza é sua profunda indiferença. Sua ordem sem propósito e a beleza sem objetivo me parecem cruéis. Não foi essa mesma natureza que destruiu a vida de Daniel, à qual ele procurou dar sentido de tantas maneiras?

Ao caminharmos por entre as árvores que ainda gotejam a água da chuva, somos seis seres desolados e trêmulos. Embora seja uma cerimônia íntima, estamos vestidos de preto. Um homem impecável, discreto, que age com delicadeza, mas sem floreios, nos recebe. O edifício de meados do século XIX tem um grande saguão e pequenas saletas mobiliadas, numa das quais esperamos em silêncio. Tremo, atravessada pela emoção, porque já sinto a proximidade do cadáver de Daniel, sua presença. Como se no corpo que imagino a vida ainda pudesse pulsar!

De novo, no meio da tragédia, surge o ridículo, o grotesco: no dia que cheguei, certa jornalista de uma revista conhecida ligou para me entrevistar. Expliquei delicadamente o que havia me trazido a Nova York, mas ela parecia não me ouvir. Repetia aos gritos seu pedido. Desliguei, atordoada. No dia seguinte a cena se repetiu de maneira idêntica. Como numa comédia, o telefone toca agora pela terceira vez, e eu atendo, um erro, pensando se tratar dos avós. É a mesma mulher. Perco a paciência. Digo para ela não insistir, que meu filho morreu, que saímos para a cremação. A mulher desliga, depois de alguns segundos de silêncio constrangido.

Entramos no auditório com passos furtivos, acompanhados pela música, e nos sentamos em frente a uma mesa, uma espécie de altar coberto por uma toalha branca simples. Não há soluços, nem lamentos: as lágrimas simplesmente correm, silenciosas. O dono da funerária nos pergunta se queremos que ele entoe uma oração, pois há opções para todos os credos. Com gentileza, dizemos que não. Depois de alguns minutos, sem que eu mesma saiba como, quebro repentinamente o silêncio e evoco em voz alta a imagem de quando Daniel entrava em casa, subia as escadas, e eu sorria para ele da minha mesa enquanto examinava seu rosto em busca de sinais de felicidade ou sofrimento. Quero compartilhar minha sensação de que nossa angústia cessara, e a dele também. E paro por aí, porque dizer que ele descansou seria incorrer num grosseiro lugar--comum e numa ingenuidade incondizente com a realidade.

Esta é muito mais cruel: Daniel não descansa porque não é. Tudo o que relacionávamos a esse nome se dissolveu, não pode mais experimentar nada.

Quando estamos saindo da sala, meu marido pergunta, com a voz embargada, *onde está o Dani*. Minha filha Renata aponta para o pequeno altar branco, a toalha que o cobre. Compreendo que estivemos sentados diante de seus restos mortais, repousados em uma caixa que não é de madeira, mas de um material próprio para o fogo. (Daniel em uma caixa de papelão!, Camila dirá durante uma crise de choro, meses depois, ao recordar.) Na contramão do que senti alguns minutos antes, digo a mim mesma, estremecida, que *isso* não é mais meu filho.

***

Com o prazer, tentamos, frequentemente, conjurar a morte. Terminada a cerimônia, vamos a um restaurante, pedimos coquetéis de entrada e vários pratos para dividir. Falamos de Daniel, repassamos sua vida, puxamos pela memória pequenas anedotas, algumas delas nos divertem enquanto outras nos provocam uma dor serena. Rimos daquele primeiro dia de aula em que, distraída como sou, levei-o de bermuda porque não tinha certeza se o uniforme havia mudado, fazendo-o passar vergonha na frente dos colegas. E o dia em que ele caiu em cima do presépio da avó, destruindo casas e ovelhas e pastores. Mas também evocamos com pesar seus momentos de confusão e desesperança.

A chuva cai lá fora de novo, desta vez com força, mas agora nos sentimos protegidos e momentaneamente aliviados naquele lugar aconchegante. Penso que Daniel gostaria de estar aqui;

que depois de tantos meses comendo comida congelada e hambúrgueres baratos lamberia os beiços diante de umas costelas de cordeiro ou de um bom pedaço de salmão. Que, se pudesse nos ver, estranharia sua ausência, não acreditaria em sua morte. Como alguém que estava tão vivo poderia morrer! Como poderia morrer, ele que adorava Nova York, o parque ensolarado, os shows e as mulheres bonitas! E ainda mais naquelas circunstâncias violentas, ele, que certa vez disse à namorada que o suicídio era uma alternativa possível em caso de sofrimento, desde que fosse suave, sem sangue, mero alívio.

***

No dia seguinte à tragédia, Renata se deu conta de que havia um par de luvas de couro pretas em seu carro, e depois de se perguntar, intrigada, quem poderia tê-las deixado ali, compreendeu que eram do sargento Joffrey, quem, com toda eficiência, poucos minutos depois de a ambulância levar o corpo de Daniel, permitiu que ela e a irmã rompessem o cordão de isolamento da rua, subissem até o apartamento, verificassem que a janela estava aberta e que não havia ninguém dentro do quarto. Deve tê-las esquecido em cima do banco quando a ajudou a estacionar, já que ela e a irmã, aturdidas por aquilo que já davam como certo, não estavam totalmente no controle de si mesmas. Desde esse dia temos tentado ir até a delegacia para devolvê-las, sem sucesso. Agora, enfim podemos parar no local, encontrar o sargento Joffrey, entregar-lhe as luvas e agradecer novamente.

As luvas do sargento Joffrey me falam da vida em suas pequenas coisas. A vida em minúsculas, contudo, é sempre rondada por um acontecimento maiúsculo, como uma ameaça. E é assim que todos nós vivemos, a partir de certa idade, temendo a ligação noturna.

Muitos anos atrás, quando Daniel ainda era criança, escrevi um poema intitulado "A notícia". Nele falo de como pela janela aberta, num dia ou uma noite qualquer,

a onda entra enlouquecida, tropeçando,
[...]
a onda com seu parêntese vazio para sempre
que vem nos lembrar que viver era isso,
que sempre retornamos a esse lugar.

Acabo de chegar a esse lugar, aos meus sessenta anos recém-completos. E Daniel é meu parêntese vazio.

***

No final da tarde, Miranda, que ainda não completou quatro anos, nos distrai de nossa tristeza. A brincadeira é pedir para ela definir objetos que nomeamos em espanhol, e ela o faz de maneira engenhosa, procurando as palavras em seu cérebro com concentração inusitada e resultados hilários. Mais tarde, com suas tintas para o Halloween, pinta paisagens na imensa barriga de Camila, grávida de seis meses. Assim que ela adormece, executamos uma tarefa que já não pode esperar: desde o primeiro dia, as malas que enchemos no quarto de Daniel ficaram ali, abandonadas num canto, esperando para serem abertas. Não é algo que queremos fazer, mas não temos outra opção, não podemos jogar em cima de Renata o legado das malas cheias. Nos sentamos, então, em círculo, como no Natal passado, quando estivemos aqui do mesmo jeito, felizes e ansiosos, vendo a pequena Miranda abrir os presentes postos em volta da árvore. Daquela vez Daniel me deu uma manta felpuda para colocar sobre as pernas enquanto trabalhava.

Vamos tirando uma por uma as peças, os objetos. Ali está a camiseta com a cara do Bacon, que comprei para ele em Madri. Os sapatos pretos de cadarço vermelho que ele recebeu com um sorriso, mas que sempre suspeitei não o terem agradado. As luvas cinzas, suas preferidas, uma delas rasgada. A jaqueta de veludo amarela, as pantufas de tricô, os Dr. Martens pretos, muito velhos, a calça xadrez que ele usava em casa. Há piadas, silêncios, lágrimas. De alguma peça, chega o cheiro dele de repente, a mistura de algum perfume com a transpiração animal de um homem muito jovem. Queria enterrar a minha cara naquelas roupas, chorar aos gritos, mas permaneço quieta, em silêncio, sentindo palpitações na boca do estômago. Meus genros e meu marido ficam com um suéter bonito cor de trigo, com o gorro, os casacos de inverno e a jaqueta de couro. Minhas filhas dividem a caixa com tintas a óleo e pincéis, os livros, os pequenos objetos inúteis, as camisetas. Reservo para mim um cachecol e mais duas ou três coisas, as mais conhecidas, as mais velhas, as mais usadas. As que cheiram a ele. O que vou fazer com elas? Não sei, só quero tê-las. Todo o resto, o que está danificado, o que fica grande ou apertado, será doado no dia seguinte a uma instituição de caridade.

Quando terminamos a divisão, estamos todos exaustos. Uns tomam uísque, outros remédios para dormir. Já na cama, meu marido e eu sabemos que estamos acordados, apesar de quietos e silenciosos. Talvez ele, como eu, tenha medo das imagens do sonho. Tanto quanto tememos as da vigília.

Nunca faz frio nos confortáveis apartamentos nova-iorquinos, mas lá fora chove, chove, chove. E aqui dentro também.

***

Na sexta-feira de manhã, a Universidade Columbia, onde Daniel fazia mestrado, se despediu dele com uma cerimônia comovente. Os colegas, quase todos mais velhos que ele, estão tristes e atordoados. O piano tocado por uma colega sua, as tristes canções a capella entoadas por uma cantora famosa e as palavras da diretora, de suas irmãs e de seus amigos inflamam nossas emoções, mas, paradoxalmente, também as contêm: a dor é aplacada ao ser compartilhada.

À tarde, recebemos as cinzas de Daniel. Eu havia imaginado uma arca de metal, ou talvez de madeira, um recipiente cheio de dignidade e beleza, mas nos deparamos com uma urna redonda, branca, de papelão reforçado, semelhante à caixa de um bolo de aniversário. Deliberamos sobre onde queremos espalhá-las, cientes de que a lei proíbe despejá-las dentro dos limites da cidade. Poderíamos pegar a balsa no porto e lançá-las no rio, mas desistimos da ideia: além de estar frio, chuviscando e ventando, teríamos testemunhas horrorizadas por perto, que tirariam o caráter íntimo do ato. Contemplamos outras opções, mas todas se mostram difíceis ou impraticáveis. Sugiro que, ignorando a proibição, espalhemos as cinzas na base de uma das árvores erguidas no imenso parque vizinho, e todos concordam com a ideia. Um dos meus genros, então, coloca a caixa cuidadosamente em uma mochila, e saímos para cumprir o ritual. São quase cinco da tarde, e de repente, outra vez como que por milagre, o céu clareia e as nuvens se iluminam, tornando-se roxas e rosadas. Enquanto subimos o caminho úmido, repleto de folhas mortas, vemos a luz oblíqua do sol da tarde se esgueirar por entre as copas das árvores, iluminando seus galhos, e ouvimos o canto dos pássaros e os gritos das crianças ao longe, perto do lago. Escolhemos uma árvore velha, forte, muito alta, e espalhamos entre os nós das raízes os restos do que até poucos dias foi o corpo de músculos flexíveis e pele firme de Daniel, agora contido em um saquinho exíguo.

Tudo isso é tão estranho, penso.

***

Sempre gostei de cemitérios. Quando chego a uma cidade, procuro onde eles estão e os visito. Aos mais célebres – Père Lachaise ou Montmartre em Paris, Recoleta em Buenos Aires, Novodevitche em Moscou – fui, mapa na mão, cumprir o dever secreto de procurar os túmulos dos meus escritores e artistas favoritos. Junto ao túmulo de Vallejo, Tchékhov, Lugones, senti, para além da superstição literária, emoções variadas e sinceras. Senti também comoções dolorosas, quase intoleráveis, no cemitério judeu de Praga, diante das lápides amontoadas que revelam a humilhante luta por um pedaço de terra onde descansar da vergonha, ou no cemitério de Arlington, cujas fileiras de túmulos brancos perfeitamente alinhados me parecem uma atroz idealização patriótica do sacrifício de milhares de jovens, alguns quase crianças, na guerra. Também costumo me comover com qualquer cemitério rural desses que pendem de uma montanha ou desembocam em uma estrada. E a minha imaginação literária, não isenta de morbidez, costuma se deleitar com datas, nomes, filiações, histórias que podemos imaginar a partir do que está escrito nas sepulturas.

Se reverencio os cemitérios, se os considero belos, por que então escolhi para Daniel esse nada ao vento, as cinzas? Por que não a memória aferrada à pedra em forma de nome e datas?

Talvez porque diante da dor da morte de um filho todas as mistificações literárias perdem sentido, desaparecem; e porque a simples ideia da putrefação do corpo me é insuportável. As cinzas, ao contrário, me fazem pensar na purificação pelo fogo.

Mas também porque faço minha a reflexão de Julian Barnes: "Existe algo mais triste do que um túmulo que não recebe visitas?".

***

Na volta para a Colômbia, uma imagem surreal surge seguidamente na minha cabeça, que tentou de todas as formas se afastar do pensamento mágico: Daniel, transformado numa espécie de super-herói, mas com suas roupas de tons outonais, voa sob nós carregando nas costas o avião que sempre temo.

***

Imagens. É tudo ou quase tudo o que nos resta daquele morto que tanto amávamos, que ainda amamos.

Depois de receber a notícia, muitos passaram a procurar fotografias de Daniel, num gesto desesperado que espera arrebatar sua ausência da morte. Eu também, dias depois, já na solidão da minha casa, me dedico a folhear meus álbuns. E neles vejo a criança que fala ou finge falar por telefone, o adolescente de ossos firmes, cabelo comprido e olhar divertido, o jovem de vinte anos de maxilar anguloso que se inclina para a câmera com um sorriso cúmplice. Vejo Daniel em Machu

Picchu, em Berlim, em Lisboa, com a "beleza inesperada" de seus últimos anos, posando com o sorriso pleno de quem está descobrindo o mundo. É verdade que às vezes esse sorriso me parece forçado. E que o olhar em certas fotografias – só eu poderia notar – tem um brilho exaltado que me causa mal--estar. Mas em geral sua imagem é a de um homem saudável, de ombros largos e dentes perfeitos, onde habitava, com toda sua potência, toda a vida. E me rebelo contra essas imagens, porque o petrificam, o fixam, o condenam a uma realidade estática que ameaça suplantar as outras, as vivas que minha memória ainda conserva:

Daniel despenteado e de pijama assobiando enquanto prepara o café da manhã,

Daniel descendo as escadas com sua jaqueta nova porque ia a uma festa,

Daniel rindo, incrédulo, acompanhando sua surpresa de um *não!* hiperbólico,

Daniel observando, tímido e desconfortável, as visitas que vinham ao meu escritório invadir o espaço familiar,

Daniel dançando, com um entusiasmo desajeitado,

ou se despedindo antes de entrar no avião com os braços um tanto rígidos e o olhar evasivo porque não queria demonstrar emoções.

A fotografia, que paradoxo, recupera e mata. Muito em breve essas vinte ou trinta fotografias engolirão o ser vivo. E haverá um dia em que mais ninguém na face da Terra se lembrará de Daniel por meio de uma imagem em movimento, mutável. Então será apenas alguém apontado por um dedo indicador, com uma pergunta: *e este, quem é?* E a resposta, necessariamente, será plana, simples, esquemática. Um mero dado ou anedota.

***

Queremos fazer em Bogotá uma cerimônia laica e muito íntima, mas, nesse meio-tempo, e a fim de compartilhar o luto com a parte mais ampla e mais católica da família, concordo com a celebração de uma missa. Outros se encarregam de organizá-la, e o resultado é que uma multidão que desconheço comparece. No átrio da igreja, figuras obscuras se aproximam em fila, me abraçam e dizem palavras no meu ouvido. Já no banco, todo um passado de opressão religiosa desaba sobre mim, esmagando-me... E apesar de sempre ter me parecido idiota o ar altivo do ateu que alardeia seu ateísmo, e apesar de haver carinho e solidariedade nos que comparecem, eu me encolho, fecho os olhos, cerro os dentes como um animal atacado. A iluminação da igreja é dura, sem nuances. A música sacra, a que costuma estar nas mãos do organista, foi substituída por canções modernas, de aparência profana. O sacerdote, um homem jovem querendo parecer simpático e desenvolto, me conta piadas insossas e improvisadas antes da celebração, repete imprecisões e lugares-comuns sobre Daniel e, na hora da homilia, conta anedotas triviais que aspiram a parecer sábias. Penso na patética decadência da Igreja, no triste despojamento de seus ritos, na pobreza cada vez maior de seus símbolos.

***

A dor parece, talvez por uma lei compensatória, nos conceder direitos. De mãos dadas com a dor, por exemplo, o doente grave ou terminal pode se transformar num tirano triste, patético. Um grande luto nos torna momentaneamente livres, ou ao menos é o que me parece enquanto assisto aos outros se deterem no umbral da minha dor, dominados por medo, espanto ou pudor. Minha própria expressão, meu espaço, me pertencem agora como nunca. Também sou dona absoluta da minha palavra. É como se a morte de Daniel me concedesse viver por alguns dias envolta por um círculo de impunidade. Mas esse poder é irrisório, falso, inútil. Para tê-lo, precisei pagar caro demais.

***

A notícia de que fora um suicídio faz com que muitos baixem a voz, como se estivessem ouvindo falar de um delito ou pecado. Um parente me telefona para dizer que *sente muito pelo acidente*. Eu, um tanto encorajada pela dor, não deixo passar o termo que escamoteia a verdade: *não foi um acidente*, digo. Então a voz do outro lado reage, e pergunta se ele não foi atropelado por um carro. Agora compreendo exatamente do que se trata. *Não, ele não foi atropelado por um carro. Daniel se suicidou*, digo. Silêncio. Alguém, evidentemente, mentiu para meu parente, um senhor mais velho, religioso, intolerante. *Que coisa mais estranha*, diz sem jeito. Dá uns pêsames confusos, desliga.

A simples palavra suicídio já assusta muitos interlocutores. Vários e-mails que recebo fazem menção "ao que aconteceu", ou simplesmente se esquivam do fato em si com expressões como "estou com você neste momento", ou "penso em você o tempo todo".

Mas acontecem outras coisas, menos compreensíveis: a funcionária de um plano de previdência privada que tenho há mais de quinze anos me escreve em meados de julho para lembrar que estou com duas prestações atrasadas. Peço desculpas, digo que a morte recente do meu filho me distraiu das minhas obrigações, e solicito que me informe a quantia devida. Em resposta, recebo um informe seco sobre o montante que devo pagar, sem qualquer referência ao meu luto. Um amigo de passagem pela cidade, um escritor estrangeiro, me telefona, e dou a ele a triste notícia. Depois de um silêncio, o homem diz "sinto muito, te ligo mais tarde". O diretor de uma revista me pede um ensaio sobre poesia. Quando respondo que por ora não tenho ânimo para escrever nada porque estou de luto pela morte do meu filho, ele também desaparece. Fico espantada ao constatar que muitos dos intelectuais que conheço se constrangem diante da morte, não sabem abraçar, ficam paralisados ao me ver. Por outro lado, o pedreiro que há mais de vinte anos faz reparos na minha casa fica nitidamente comovido com a notícia, expressa seus pêsames e diz, mostrando-me os antebraços nus: *olha só como fiquei.*

***

Três semanas depois da morte de Daniel, a Universidade dos Andes, onde meu marido, minhas filhas e eu estudamos, lugar em que trabalhei metade da minha vida e também trabalham minha irmã, meu cunhado, muitos de meus amigos, e onde Daniel estudou belas-artes e se especializou em arquitetura, nos permite fazer uma cerimônia de despedida no campus.

O auditório que nos foi cedido fica num andar alto de onde se divisa o morro de Monserrate e a mata que o circunda, com sua vegetação escura e densa. A paisagem é magnífica, tão profunda e dramática quanto o fato que nos leva até ali. Na entrada colocamos o livro de assinaturas, uma fotografia de Daniel e uma obra sua, de pequeno formato, que mostra a cabeça de um cachorro com focinheira que parece gemer. Do lado de dentro, flores, e sobre um grande púlpito, o autorretrato em carvão que fez aos vinte anos quando começava a ser assolado pelo sofrimento: ali ele aparece com o braço direito cruzado sobre o peito, os olhos entre tristes e raivosos, a boca contraída numa expressão desesperançada.

Pouco a pouco vão chegando seus amigos, sobressaltados e entristecidos. Suas palavras às vezes me soam petrificadas, inertes. Como diz Norbert Elias, "as fórmulas e rituais convencionais de antes continuam sendo utilizados, mas cada vez mais pessoas se sentem constrangidas em usá-los, por lhes parecerem vazios e triviais". Sim. Não acreditamos mais nas fórmulas, mas criamos uma linguagem que as substitui. Os acontecimentos, como sempre, encurralam as palavras.

Ouvimos um trecho da ópera *Rinaldo* de Handel. Ricardo, um de meus amigos mais queridos, o diretor que encena as minhas peças, lê um poema de Octavio Paz. E lentamente vai emergindo, à medida que seus professores, colegas e irmãs o relembram, uma imagem de Daniel mais ampla do que a que eu tenho. Eles falam, com voz entrecortada, de sua paixão pela arte, de seu caráter reflexivo, de seu senso crítico, da potência de suas obras, de seu senso de humor. Fico sabendo pelas palavras de um de seus amigos de adolescência que ele fazia muito sucesso com as mulheres, apesar do temperamento introvertido ou justamente por isso. Sua amiga Laura se lamenta pelas paisagens que ele não verá mais, pelos shows a que não irá, pelo que deixou de aproveitar e sentir. Minha filha mais velha evoca o modo como Daniel era na infância e arremata dizendo que gosta de pensar que em vez de cair ele voou, libertando-se de seus sofrimentos. E eu não sei, ouvindo todas essas palavras, o que me dói mais, se é o mundo sem Daniel ou Daniel sem o mundo.

Ouvem-se soluços abafados durante toda a cerimônia. Depois um estrangeiro comentará que em seu país jamais se veria uma efusão de sentimentos semelhante, e não sei se é uma crítica ou um elogio.

Cabe a mim, por fim, retirar o véu de incerteza e mostrar aquilo que nem seus amigos, primos, professores, ex-namoradas, nem quase ninguém do auditório sabe: que aquele garoto que teve amigos e foi amado e se apaixonou e estudou com afinco e pintou e desenhou com paixão, aquele que às vezes parecia alegre e dançava e viajava sempre que podia, lutou durante oito anos com uma aterradora doença mental que transformou seus dias em uma batalha dolorosa e sem trégua, à qual se somou seu esforço desmedido de parecer um ser comum, saudável como qualquer um de nós.

**

A vida nos surrupia o espetáculo de nosso funeral. O que Daniel teria sentido se tivesse presenciado a multidão comovida e convocada por sua morte? Quanta raiva teria acumulado ao ver que seu segredo fora descoberto? E aquela foto que escolhemos e emolduramos, em que ele sorri cheio de charme, como se estivesse diante de uma mulher encantadora, será que teria gostado dela? Teria concordado com as obras expostas? O que teria pensado, ele que tanto desconfiava de seu talento, ao ouvir seus professores falarem a seus colegas, com tanto fervor, de sua arte, inteligência e capacidade criativa? Talvez ele dissesse "que mico", como na vez que contei a ele por telefone que seus antigos alunos do ensino médio, para quem dei uma palestra no dia do idioma, aplaudiram espontaneamente ao ouvir seu nome. Que mico.

Mas essa elocubração – o que ele teria sentido, o que teria pensado? – não passa de uma reflexão piegas, porque essa conjugação verbal, *teria*, se torna frívola quando nos referimos aos mortos.

***

Na hora do café, as pessoas, algumas com os olhos ainda marejados, parecem se livrar da tensão. Há um breve falatório, abraços, cumprimentos, sorrisos. Estão comovidas, tristes, mas o morto é outro. A hora de cada uma há de chegar, é verdade, mas ela ainda parece estar distante. E, bem, um suicídio é desconcertante e doloroso, ainda mais o de alguém tão jovem, mas ao fim e ao cabo foi um ato voluntário, uma escolha, um alívio.

Parecia tão normal.

Dizem que ninguém nunca percebeu nada. Nem seus primos, amigos, colegas.

Conheço um caso parecido.

Eu também.

Além disso a doença mental é uma condenação que isola, que transforma quem padece dela em alguém alheio aos outros, de quem queremos manter um pouco de distância, não é?

Quem sabe não foi melhor assim.

Genuinamente comovidos, todos sentem, contudo, um pequeno tremor lá no fundo: o estremecimento agradecido dos sobreviventes.

II. UM EQUILÍBRIO PRECÁRIO

Não hei de proferir falsidade embelezada nem colocar
tinta duvidosa ou adicionar brilhos ao que é.
Isto me obriga a ouvir a mim mesmo. Mas estamos aqui
para dizer a verdade.
Sejamos realistas.
Quero a precisão assustadora.
Rafael Cadenas

No meu afã de penetrar na morte, me debrucei imediatamente sobre os livros; mas não sobre aqueles que consolam, que nos convidam a nos conectarmos com o momento presente ou a nos reconciliarmos com o passado, e sim sobre os que vasculham a doença mental, o suicídio, a experiência do luto. Filosofia, literatura, depoimentos sobre a loucura, a perda, a agonia. Alguns amigos me enviam leituras que consideram oportunas: Héctor me apresenta a Michael Greenberg, Luis Fernando a Mary Jo Bang, Vesna a um tratado sobre a morte para os tibetanos. Voltei a ler *El Dios Salvaje*,[4] e procurei alguma luz em livros de ciência, em tratados médicos, em Norbert Elias, em Améry, em Barnes, em Gottfried Benn, em Sylvia Plath, em Lowell, em Javier Marías, em Joan Didion...

Instalada como estou na reflexão, sinto de repente, porém, que Daniel me escapa, que o perdi, que neste momento ele não me dói. Fico com medo, me sinto culpada. Será que comecei a esquecê-lo? Será que ele já está entrando no passado, que começou a se desintegrar? Então fecho os olhos e o invoco desesperadamente, faço-o nascer entre as brumas da memória, transformo-o em realidade de carne e osso. Lá está ele, encostado na porta, olhando para mim, sorridente, e confirmo mais uma vez o quanto se parecia comigo; e toco sua bochecha com as costas da mão, e acaricio seu cabelo, e seguro sua mão, sentindo seu calor. A dor volta a jorrar, as imagens se multiplicam e meu filho volta a viver, e eu o vejo subir a pequena ladeira que leva à casa, com o corpo ligeiramente inclinado para a frente, sério, carrancudo, como se estivesse zangado consigo mesmo e com o mundo, como se seu corpo e seu futuro pesassem imensamente sobre ele.

***

Difícil, difícil, Daniel dizia pelo Skype, com um meio-sorriso, quando eu perguntava como era estudar em Columbia.

Hoje leio, no excelente livro de Anderson, Reiss e Hogarty,[5] os "transtornos de pensamento" que sua doença pode causar:

Intrusão de "estímulos não relevantes".

Necessidade de esforço consciente para concluir tarefas que todos fazemos de forma automática.

Dificuldade em associar ideias.

Embotamento afetivo.

Fantasias, alucinações, vozes, delírios, percepções distorcidas.

Paranoia, ataques de pânico.

Retraimento social.

Leio também os depoimentos de vários pacientes: um deles reclama de sentir que seu cérebro está literalmente quebrado, outro descreve o seu como uma esponja sangrando, um órgão em carne viva que dói fisicamente. Uma mulher diz que tem dificuldade para ler porque cada palavra desperta nela todo tipo de associação. Uma estudante conta que em cada uma de suas crises uma voz repete que ela é um fracasso e a incita a cometer suicídio. Um rapaz que não deve ter mais de vinte anos fala do terror que o sorriso da mãe lhe causa.

Resumindo: dor, dor, dor.

***

O cotidiano de Daniel estava tomado por todos esses horrores? Custo a acreditar que sim, porque, tirando os períodos de crises – que foram poucas, não mais que quatro –, lembro-me dele como um garoto qualquer, às vezes um pouco sisudo, talvez ensimesmado, mas sempre lidando bem com as responsabilidades, saindo com os amigos, rindo das nossas piadas, e, em seus momentos mais felizes, pintando até de madrugada no quarto que fazia as vezes de ateliê, enquanto ouvia sua música preferida. *Ele teve muitas temporadas de felicidade, de plenitude*, seu médico me diz. E também: *Sua parte saudável era enorme. A maior parte do tempo conseguiu viver como uma pessoa normal.*

Mas agora que faço um balanço compreendo que esqueci que nos primeiros anos de sua doença, quando ainda ignorávamos sua existência ou magnitude, Daniel viveu por muitos meses em estado de confusão e desassossego, ameaçado pela paranoia. Um psiquiatra que consultei me diz que seu mundo mental era necessariamente diferente do nosso, que mesmo em seus melhores momentos o dia a dia devia significar um esforço sobre-humano para ele, que a sobrecarga de estímulos incontroláveis era devastadora para seu cérebro. Que sua doença transformava a vida num pesadelo sem fim.

***

Não vou pronunciar o nome daquela doença, pensa o médico, porque não quero rotulá-lo, não quero condená-lo, nem vou fazê-lo perder as esperanças e mergulhá-lo no desespero. Porque não existem doenças, existem pacientes.

Não vou pronunciar aquele nome, diz o doente, porque vão fugir de mim, porque me abandonarão, porque me internarão, porque não me amarão nem se casarão comigo. Porque olharão para mim com medo.

Não vou pronunciar aquele nome, diz o pai, diz a mãe, porque não pode ser, não pode ser, não pode ser.

***

Quando tudo começou? A memória é imprecisa. Só sei que aos dezenove anos o rosto de Daniel se encheu de espinhas purulentas, infames, vergonhosas. Uma acne tardia. E que rodamos muito e no final nos rendemos a uma droga altamente perigosa, que coloca o fígado em risco e por isso o obrigava a fazer exames periódicos. À medida que sua pele se transformava, ficava vermelha e descascava, Daniel se afundava na escuridão da depressão. A porta de seu quarto começou então a se fechar em sua angústia, o telefone parou de tocar, as rotinas pareciam ter se se tornado insuportáveis.

Daniel tinha uma predisposição genética que foi desencadeada por aquele veneno cheio de contraindicações? Deveriam ter feito uma investigação mais cuidadosa de sua psique antes de receitá-lo?

Uma pesquisa intuitiva me levou a ler na internet, anos depois, o que já se sabia a respeito daquele medicamento para acne desde 2001, mas que ninguém teve a precaução de nos dizer: "foram relatados casos de depressão, sintomas psicóticos e raramente tentativas de suicídio".

Não adianta vociferar com ninguém, não adianta escrever aquela carta que revisei tantas vezes mentalmente: meu filho já morreu, com a pele intacta.

***

Nessa época Daniel estava triste, instável, zangado, desconcertado. Supondo que ele passava por uma crise vocacional, sugerimos que procurasse ajuda psicológica. Daniel aceitou e começou a fazer terapia. Mas dois ou três meses depois, aterrorizado, entrou no nosso quarto, se sentou ofegante na beira da cama, e nos contou que o psicólogo havia dito que "é preciso matar o pai", e outras coisas do gênero.

Ele está me deixando maluco, não quero voltar.

Pelo visto esse médico está usando fórmulas de manual, pensamos. E então o encaminhamos para a dra. N, uma psicóloga conhecida da família.

Agora vai ficar tudo bem, pensamos, tudo isso vai passar logo.

***

Agora que Daniel morreu, leio um conto de Nabokov que meu irmão me recomendou. Nele são descritos os sintomas de um garoto doente que os pais vão visitar no hospital psiquiátrico:

Nesses casos muito raros, o paciente imagina que tudo o que está acontecendo em torno dele é uma referência velada a sua personalidade e existência. [...] Nuvens no céu à espreita comunicam umas às outras, por meio de lentos signos, informações incrivelmente detalhadas a respeito dele. Seus pensamentos mais íntimos são discutidos ao anoitecer, com alfabeto manual, por árvores que gesticulam sombriamente. Seixos ou borrões, manchas de sol, formam padrões representando de algum modo horrível mensagens que ele tem de interceptar. Tudo é uma cifra e de tudo ele é o tema.[6]

Certa vez Daniel me confessou, poucos meses antes de sua morte, num segundo de sinceridade e meio de passagem, que quando estava trancado em seu quarto, via pessoas passando à sua volta, mas que seu médico o tinha ensinado a "focalizar". Sei também agora, por seus terapeutas dos últimos tempos, que ele sentia constantemente que o mundo lhe enviava mensagens sutis que precisava decifrar, mas que ele sabia expulsar esses espectros de sua mente graças a uma força de vontade contínua.

Não posso deixar de associar a convicção do doente de que o mundo fala com ele, à pretensão dos poetas de serem capazes de "ler" os sinais do mundo para depois "traduzi-los" em ritmos e imagens. E lamento o terrível falatório do universo nos ouvidos do meu filho e por saber que aquilo que para mim sempre foi um prazeroso exercício de imersão na realidade, ao se agigantar em sua mente, era para ele uma tortura infernal, uma fonte de medo.

**

Esther Seligson, uma escritora mexicana, escreveu sobre Adrián, seu filho, que se jogou da varanda na presença dela, e que, apesar da proximidade da mãe, ele tinha começado a parecer mais alheio e estranho a ela, à medida que seu mundo interior se aprofundava. Assim como ela, eu desconhecia uma parte da alma de Daniel. Conseguia intuí-la, com a força da empatia criada pelo vínculo materno, e essa intuição me permitia saber se ele estava sofrendo, apaixonado ou chateado com o mundo. Mas eu o conhecia apenas parcialmente, não só porque é assim que quase todas nós mães conhecemos nossos filhos, mas também porque quando ele chegava em casa, já livre de qualquer pressão social, encerrava-se em si mesmo, dormia, muitas vezes se isolava. "A doença põe um véu sobre o rosto do paciente que dificulta decifrá-lo", leio em uma das minhas pesquisas sobre o seu mal. Por isso, assim como Esther Seligson, sentia que Daniel "era cada vez mais alheio e estranho à medida que seu mundo interior se aprofundava".

Por essa razão, depois de sua morte fui tomada por um impulso investigativo que me leva a indagar a toda matéria ou ser humano capaz de responder à pergunta: quem foi Daniel?

***

Repasso minhas pequenas certezas:

Sei que era hipersensível e de um perfeccionismo extremo, que o levava a exigir demais de si mesmo. Estudioso, amante da história da arte, um garoto que buscava com rigor a precisão conceitual.

Que desde sempre, desde pequeno, toda vez que fazia uma descoberta intelectual, Daniel sorria como se estivesse abrindo um presente.

Que, depois da pintura, música era do que mais gostava. Enquanto pintava, trancado em seu ateliê, ouvia música até de madrugada, jazz, rock, música clássica: Janis Joplin, Sting, Radiohead, Manu Chao, Lou Reed, Rachmaninoff, Mozart, Satie. Porém, uns dois meses antes de se mudar para Nova York, todas as manhãs, na hora do banho, que era muito demorado, ele nos castigava indefectivelmente e a todo volume com as canções um tanto melosas de Miguel Bosé. Quando perguntei uma vez em tom de brincadeira por que se empenhava em nos desesperar todos os dias com a mesma música, ele soltou uma gargalhada e disse que por simples preguiça de mudar o CD.

Sei que ele gostava de tons outonais, das jaquetas de veludo, dos tênis coloridos, das camisetas com desenhos ousados. Tinha muitas: uma com a cara de Dostoiévski. Outra, kitsch, com a imagem de um Darwin sorridente. E uma que dizia, parodiando a já célebre *I love N.Y.*: *Love your own city*.

Sei também que era vaidoso, talvez porque fosse inseguro. Odiava ter cachos, e como percebia que estava perdendo cabelo, comprava xampus para combater a calvície.

Posso afirmar que Daniel tinha o dom de saber escolher presentes. Tenho uma coleção enorme de objetos que ele fez ou procurou para mim: um peixe de barro pintado de diversas cores, de seus tempos de escola, um par de brincos com design vanguardista, uma coleção de CDs de música francesa, um homenzinho de latão, de corda, que carrega uma mala, um cachecol preto de pedrinhas brilhantes.

Sei que tinha medo: do futuro, do alcance da doença, da pobreza. Medo de sua própria potência e do reconhecimento, que o desafiava a demonstrar um talento que ele não tinha certeza se possuía. Sei que tinha tendência a se punir, a se desmerecer, a minimizar os elogios que recebia dos outros.

Soube que ele adorava dançar e o fazia com uma energia invejável, que dissimulava sua falta de jeito. Embora tenha ficado longe do álcool até os vinte e cinco anos, porque estava terminantemente proibido, me disseram que em seus dois últimos anos de vida ele se embebedava de vez em quando, e com consciência.

Era um grande nadador, de ombros largos. E um bom jogador de boliche e de tejo. Um garotão que adorava a boa cozinha e que, quando podia, se dava ao luxo de ir a um bom restaurante.

Uma pessoa silenciosa, um verdadeiro tímido, que, no entanto, surpreendia seus colegas e professores com comentários breves, mas precisos, próprios de alguém que estudou e refletiu muito.

Sei que era doce, sossegado, pacífico. Com fino senso de humor. Que sempre teve alma de criança. Que nunca mentia.

Daniel era meu filho, e com toda certeza esse esboço de traços grossos está involuntariamente distorcido pelo amor que eu sentia por ele.

***

Sei todas essas coisas e, no entanto, como são imensas as partes que ignoro. Procuro em vão durante meses uma carta que fale de sua tristeza ou de seus medos, um diário, algum bilhete perdido, dobrado num bolso, na carteira. Enquanto vasculho suas coisas, superando meus pudores e o mandamento que recebi quando criança de respeitar a intimidade alheia, eu me sinto como uma mãe enxerida e fico com vergonha. Quando me dou por vencida, me dedico a examinar sua obra com atenção, a ler seus cadernos, a conversar com algumas das mulheres que ele amou, num esforço doloroso para mantê-lo vivo.

A obra confirma para mim, de maneira cada vez mais clara, que, para além das buscas estéticas, há uma linha coerente traçada a partir de suas obsessões e conflitos. Os cadernos repletos de reflexões acadêmicas desnudam o indivíduo minucioso que usou toda tinta do mundo e horas e horas de sua vida para pesquisar, analisar e sistematizar seus conhecimentos sobre a arte e os artistas.

Nas pinturas e nos desenhos – mais de uma centena, que ele deixou perfeitamente classificados e cuidadosamente embalados – é fácil perceber não só a natureza hipersensível de Daniel, mas também a plasmação simbólica de sua angústia, um sentido trágico do mundo. Em 2000, com apenas dezessete anos, e sem nenhum sinal de doença, ele recria o tema da solidão e apresenta a autodestruição como saída. Com sua letra miúda, meio feiosa, escreve no *Art Book* que deve apresentar em sua escola:

> Criamos ideias e mitos para poder esconder aquela ideia desoladora, aquela pergunta sem resposta, o fato de que não temos um propósito na vida; por isso inventamos as religiões, os seres superiores, para justificar nossa existência.
> A solidão que nos aflige, nos mata, leva as pessoas ao desespero, ao suicídio.

Data desse mesmo ano uma pintura a que estranhamente intitulou *Autorretrato*, e que mostra um Cristo em tons de azul, tenso, sofrido, com o ventre em chamas, pintado com "uma técnica expressionista", segundo o comentário que o acompanha.

Nesse ele se expõe com uma rara impudência confessional: fala da úlcera que o atormentou na adolescência, de seu perfeccionismo. "Havia uma parede na minha cabeça que me impedia de ser feliz", escreve. Seus demais autorretratos são de 2001, desenhos que o mostram com uma tristeza agressiva no olhar. Muito mais tarde virá sua obra mais profundamente simbólica, em que Daniel camufla seus pesares, os transfigura: seus homens e cães amordaçados, com olhos penetrantes. Imagens que causam um inevitável estremecimento no espectador porque aludem com uma força monstruosa a raivas sufocadas, a um segredo guardado, à ameaça do medo.

No entanto, esses desenhos e pinturas, todos posteriores a 2000, jamais serão explicados por ele como o que obviamente são: transposições estéticas de seus conflitos ou emoções. Pelo contrário, nas raras vezes em que os defende de forma teórica, no início e no final de sua carreira universitária, encontramos a explicação técnica que os respalda, formulada inclusive de forma ingênua pelo jovem inexperiente, que explica as escolhas pictóricas em seu quadro: "O preto é uma cor morta [...] Ouvi dizer que o preto mostra apenas a ineficiência de um artista para escolher uma cor, mas não concordo com essa afirmação. [...] A linha azul representa o conceito".

A força de sua racionalidade sempre travou uma dura batalha contra a força de suas emoções. Uma das duas ia crescer como uma hidra que acabaria por devorá-lo.

***

As ex-namoradas me falam de uma pessoa que eu não conhecia: um jovem de uma intensidade emocional exacerbada, tão eloquente que às vezes era cansativo, terno, atormentado, cuja reflexão sobre sua vocação e seu futuro vinha sempre acompanhada de muita angústia; e uma pessoa capaz de terminar seus relacionamentos de forma abrupta, contundente, cruel. *Ele tinha medo de ser invadido, de ter a pele permeável*, me conta sua psiquiatra. *Não suportava muita intensidade emocional.*

A imagem que eu havia formado de Daniel, nos muitos anos em que convivi com ele, era diferente. Na adolescência ele costumava me confidenciar suas desventuras amorosas, a tal ponto que certa vez pediu que eu ensaiasse com ele sua declaração de amor para A, uma garota por quem estava apaixonado. Planejamos, juntos, uma estratégia teoricamente imbatível, mas eu o adverti, obviamente, que em matéria de amor nada é infalível. Lembro que quando ele voltou, perguntei, curiosa, pelo resultado da escaramuça. Não consegui conter o riso quando ele confessou que, já na presença de A, sentiu-se tonto e esqueceu o script, deixando seu destino ao acaso. Os resultados daquele dia, porém, foram tão bons, que algum tempo depois, durante as férias, Daniel e aquela mocinha linda, com quem ele já tinha uma relação sentimental, fizeram uma viagem à Europa. O final não foi feliz, devo dizer, porque um terceiro elemento se somou ao passeio, um de seus melhores amigos, um rapaz de olhos azuis, criativo e muito inteligente, que acabou roubando-lhe a namorada. Mas foram tempos felizes, e A, com o tempo, se tornou uma de suas melhores amigas até o dia de sua morte.

A cumplicidade afetiva dos quinze anos foi minguando, e nunca mais ele me fez confidências sentimentais, mas em compensação se consolidou entre nós uma comunicação intelectual que perdurou até sua morte. Daniel confiava no meu julgamento estético, e costumávamos ter conversas sobre o tipo de arte que lhe interessava fazer, seus projetos, as exposições que tínhamos visto. Quando ele me mostrava seus desenhos ou pinturas a óleo, eu procurava não os elogiar com expressões espontâneas, daquelas típicas de uma mãe que transborda de orgulho, porque sabia que o incomodavam e que podia perder a confiança em mim. Em vez disso, falava dos méritos que via na obra com a maior austeridade afetiva, e, também, claro, dos defeitos.

Muitas vezes sentávamos, às cinco ou seis da tarde e geralmente na mesinha da cozinha, para falar de suas opções, dúvidas, planos: quando precisava escolher o tema de um trabalho, quando decidiu se transferir para arquitetura, quando esta começou a lhe parecer insuportável, quando se questionava sobre o tema da dissertação, quando teve que escolher entre a Carnegie Mellon, a escola de arte de Chicago ou a Universidade Columbia. Sonhamos, também, que ilustraria um livro de poemas meus, e ele chegou a fazer alguns esboços para um texto que achávamos apropriado para crianças.

Vencida pela impossibilidade de me aproximar de sua intimidade, optei por um amor medular que dispensava palavras. Estávamos unidos em silêncio por algum carinho tímido que eu lhe fazia e por um cotidiano compartilhado nos detalhes, do quais eu cuidava com muito afinco, para poupá-lo de qualquer sofrimento que se somasse aos enormes que ele já devia ter. E era assim que saíamos de vez em quando para comprar uma calça ou uma camisa, e nos divertíamos escolhendo, para depois arrematar o passeio com um belo almoço. Ou, então, como sentávamos para escolher um livro na Amazon ou uma leitura de apoio para seus projetos. Ou ainda como eu dava uma olhada na roupa que ele ia vestir para ir a uma entrevista de emprego ou a um encontro amoroso.

Eu o observava viver, com um tremor secreto, e o ajudava a sonhar, com a esperança de que um dia um equilíbrio sereno se instalasse nele para sempre e lhe permitisse ter um futuro pleno, uma mulher, talvez filhos.

***

Em 2003, já afetado pela acne e pelo medicamento, Daniel decidiu viajar para a Espanha nas férias. Ia fazer uma oficina de gravura com uma bolsa exígua. Nessa época ele já reclamava com frequência que os professores não apreciavam seu trabalho ou não frequentavam as aulas, e demonstrava hesitações e receios quanto ao seu destino como artista. Soube depois que uma paranoia incipiente o fazia pensar que era atacado ou negligenciado, mas naquele momento eu relacionava aquelas críticas e aquele descontentamento com a sua autocobrança, com o rigor que sempre havia tido. Lembrava que quando ele era apenas um garotinho de seis anos, de voz estranhamente rouca para sua idade, deixava o uniforme separado na véspera em cima de uma cadeira, as meias nos sapatos e a gravata de listras vermelhas já amarrada na camisa. Um adulto em miniatura, um pequeno monstro perfeccionista que nos causava admiração e nos fazia rir.

No aeroporto, ao me despedir dele, me comovi novamente ao ver seu rosto desfigurado por inumeráveis e repugnantes espinhas brancas, mas me consolei pensando que aquela viagem o livraria dos olhares assustados de seus colegas. Não conseguia entender, no entanto, o que podia ter desencadeado aquela erupção horrível, se não havia antecedentes de acne em nossa família.

Naquele momento Daniel era para nós apenas um garoto em crise, que logo encontraria seu caminho. Se ao menos suspeitássemos que o fogo voraz da loucura estava começando a despertar em seu cérebro, jamais teríamos permitido que ele entrasse naquele avião.

***

Aquele mês e meio em Madri parece ter sido estimulante para ele, mas seu desfecho, uma viagem à Itália, foi uma descida a um poço sombrio. Na volta, Daniel falava de noites asfixiantes nos albergues, de insônias e medos prolongados, de confusão, de consciência da inaptidão, de inseguranças e, sobretudo, da decepção pelo desdém pela pintura que ele presenciou na Bienal de Veneza. Como uma sentença inapelável, a frase "a pintura está morta" voltou à sua mente. Além disso, ele achou a exposição errática, medíocre, ofensiva. A arte que amou por tantos anos parecia ter caído de seu pedestal e se transformado em lixo. O que será dele, ele se pergunta, e de seu futuro? Daniel entra em um solilóquio atropelado, incessante, sobre sua vocação, seus temores, a mediocridade do ambiente.

Ele vai à universidade nas primeiras semanas e chega em casa confuso, irritado, conjecturando outros possíveis cursos. Arquitetura, talvez? Direito, quem sabe? Eu, que acredito em seu talento desde a adolescência, travo com ele diálogos amorosos e ao mesmo tempo ásperos, tentando puxá-lo do turbilhão absorvente de seus argumentos, tranquilizá-lo e lançar a ele um colete salva-vidas. Seu discurso cresce, se esparrama, invade todos os cantos da casa. Daniel liga para sua irmã Renata à meia-noite para consultá-la. Acorda o pai às quatro da manhã, e na cozinha eles têm uma conversa que agoniza desoladamente e sem resultados madrugada adentro. Sua psicóloga não parece notar nada grave, nem mesmo quando ele decide largar a universidade. Aceitamos sua decisão de abandonar a carreira, disfarçando nossa preocupação, pois acreditamos firmemente na autodeterminação e no livre-arbítrio, mas algumas semanas mais tarde, depois de perceber que seus planos – ir nadar, fazer aulas de francês – não se concretizam, e que continua trancado em seu quarto, sugerimos que vá passar uns meses em Nova York, onde Renata mora, para fazer algum curso e dar um tempo. E Daniel viaja, aparentemente entusiasmado. Alguns dias depois sua irmã telefona para nos dizer que ele parece "estranho": fala insistentemente sobre suas opções de vida, não dorme, sai para passear e volta logo em seguida, tem crises repentinas de choro e acaba de dizer que tem medo de ser preso pela polícia. Com o coração encolhido de dor e espanto, digo para ela o mandar de volta imediatamente, no primeiro voo.

***

E eis que vejo sair do aeroporto um Daniel transfigurado, com o nariz afilado dos moribundos e um olhar vazio, totalmente opaco, que parece se voltar para dentro, prescindir do mundo exterior. A verborragia galopante de alguns dias atrás foi substituída por um silêncio atravessado apenas de vez em quando por um ou outro monossílabo. Sua terapeuta logo o recebe e, após atendê-lo por uma hora, me garante que não há nada de anormal.

Daniel está apenas deprimido, confuso, impaciente. Suspendo minhas rotinas de escritora e, nas brechas entre as minhas tarefas de professora universitária, vou com ele ao centro, visito museus, tento fazer com que se interesse por uma coisa ou outra. Daniel caminha ao meu lado como um zumbi, alheio a tudo. Ao perceber que está cada vez mais irritadiço, comportamento até então desconhecido para nós e que o leva um dia a gritar comigo sem qualquer motivo, eu o confronto e o obrigo a irmos juntos à consulta seguinte. Ele entra primeiro, fica uns dez minutos lá dentro, e quando a psicóloga me recebe, vejo seu rosto assustado, os olhos arregalados. Finalmente ela compreendeu que algo grave está acontecendo. Ela me aconselha a não o deixar sozinho, a vigiar seus movimentos, e me encaminha para um psiquiatra para que o diagnostique e prescreva uma medicação. Mas ela não vai abandonar seu paciente, era só o que faltava: as consultas continuarão em seu consultório, semanalmente.

Aceitamos, ainda desconcertados, aflitos, aquela estranha terapia bicéfala. E começa uma fase de tristes e definitivos erros.

***

Tudo é espectral e inquietante no consultório do psiquiatra indicado pela psicóloga: a luz fraca do abajur, as paredes nuas, o corredor incerto, e o próprio médico, um homem sem sorriso. Ele fala com a gente de modo cortante, sem o menor traço de compaixão, mas fala. (Em breve teremos de lidar com o silêncio dos médicos, com sua relutância em dar um diagnóstico e recusa em atender o telefone.) Mas recebo o que ele nos diz como um soco no estômago. Durante o trajeto de volta, com suas palavras em minha cabeça, começo a sentir enjoo, náuseas, dor no peito.

Entro correndo em casa, subo até o banheiro, me ajoelho diante do vaso e vomito até esvaziar as entranhas.

***

Não pode ser que aos vinte anos,

quando ele deixa de ser o adolescente de traços desproporcionais, quando seu maxilar se afina e os ombros começam a se alargar,

quando os olhos pareciam brilhantes porque ele havia feito a transição para um mundo que acreditava ser mais espaçoso e livre,

agora que se apaixonou, que tem adoração pela pintura, que sonha em nos deixar,

não pode ser, não pode ser, não pode ser.

***

Leio sobre a doença mencionada pelo médico sem sorriso: é, dizem Anderson, Reiss e Hogarty, "[...] uma doença grave, com uma vulnerabilidade biológica de origem desconhecida, que torna os pacientes particularmente suscetíveis ao estresse gerado pelos ambientes que os cercam". E embora sua origem seja incerta, costuma haver um consenso de que setenta por cento de suas causas são biológicas, possivelmente genéticas. Talvez um trauma físico, uma infecção. Descubro, também, que para que a doença mental apareça deve haver uma predisposição e um gatilho. Eu me pergunto qual pode ter sido o gatilho no caso de Daniel, e minha intuição me diz, repetidamente, que foi o remédio contra a acne.

Anos mais tarde, quando parece definitivamente confirmado que ele tem transtorno esquizoafetivo, ouso ser clara com Daniel sobre o que nenhum médico quer chamar pelo nome na frente dele. Ele me pergunta, com os olhos muito arregalados, se *isso* é para sempre. E eu, engolindo as minhas lágrimas, respondo:

— Sim, Dani, para sempre.

***

Javier Marías escreve em *Os enamoramentos* que "[...] até os suicídios se devem a um acaso".[7] E isso me faz pensar em Borges e em sua metáfora da vida como um jogo, uma loteria em que todos nós jogamos – com "consequências incalculáveis" – pelo simples fato de termos nascido: "Às vezes um único fato [...] era a solução genial de trinta ou quarenta sorteios".[8] Para o escritor argentino, o universo é uma soma infinita de acasos, ou, se olharmos o tapete pelo verso, uma rigorosa rede de causas e efeitos.

Em que sorteio foi decidido, então, o destino de Daniel? Como ele foi sendo levado à morte pelas diferentes jogadas dessa loteria aterrorizante em que ele foi forçado a apostar desde criança?

Por que, se os índices de esquizofrenia – com suas múltiplas variantes – não chegam a um por cento da população mundial, Daniel tinha que estar entre eles?

Por que, se apenas dez ou quinze por cento dos doentes que tentam se suicidar conseguem, ele conseguiu?

Só posso responder a mim mesma que minhas perguntas são absurdas porque nunca existe um porquê, nem um sentido, nem um desígnio. No entanto, leio uma entrevista para um jornal latino-americano em que o dr. James Dewey Watson, codescobridor do DNA e ganhador do Nobel de medicina em 1962, afirma:

> Tenho um filho esquizofrênico. Ele simplesmente não consegue cuidar de si mesmo. No Johns Hopkins foram sequenciados quatro casos de esquizofrenia em que os pais eram normais e, de repente, sai um ruim, e encontraram a provável causa da mudança em cada um deles. O que provavelmente se pode afirmar é que todos os novos casos de esquizofrenia se devem a novas mutações, a uma única mudança em uma letra. Existe uma teoria alternativa que aponta que a esquizofrenia vem acumulando uma série de mutações que não fazem mal, mas que, quando combinadas de determinada maneira, a doença aparece. Qual porcentagem de pessoas têm novas mutações genéticas que as colocam em desvantagem? Provavelmente seria cinco por cento.

Portanto, o desenho da mente de Daniel e, consequentemente, sua morte são resultado da alteração de uma letra em seu código genético. O atroz – e também o maravilhoso – de nossas vidas é que elas estão baseadas no aleatório, no gratuito, no caprichoso. "Somos como moscas nas mãos dos deuses", escreveu Shakespeare. Acontece que não existem deuses, ou então os deuses, aqueles que construíram, como em "O imortal" de Borges, esta cidade absurda e monstruosa em que vagamos, com passagens que levam a lugar nenhum, há tempos, séculos, estão mortos.

***

Daniel melhora rapidamente com os remédios psiquiátricos. Então marco uma consulta com um psiquiatra conhecido na cidade, o dr. G. Durante anos ele dirigiu o departamento de psiquiatria de um hospital renomado. *Vim aqui*, digo, *porque parece que meu filho teve um surto psicótico e porque quero saber o que isso significa, como compromete seu futuro, que riscos ele corre, se é, como dizem, um indício de que ele tem esquizofrenia.* Conto a ele como Daniel é. Digo que tem talento, intelectualmente brilhante, introvertido, que parece deprimido, que tem traços paranoicos. O dr. G boceja. São duas e meia da tarde, talvez esteja cansado. Em seguida, ele me examina, com a cabeça inclinada. *O que você quer que eu te diga?*, ele me pergunta. Faço um esforço. *Quero que me explique o que posso fazer pelo meu filho*, digo a ele, *que esperanças podemos ter, como acompanhá-lo em sua doença, como salvá-lo. Cada caso é um caso*, diz ele, nada do que ele possa me dizer vai me ajudar de verdade. Insisto: *por acaso existem traços comuns entre os pacientes? Como posso prever uma crise?* Nesse momento seu telefone toca. Ele atende. Pelas coisas que diz, entendo que fala com a esposa, que ela está em apuros, que seu carro está enguiçado em algum lugar, que precisa de um mecânico. Ele a tranquiliza, dá a ela um telefone, instruções. Pede desculpas, voltamos ao assunto. Mas agora ele parece impaciente, como se não conseguisse retomar o fio da meada. Pouco depois o telefone toca novamente. É a mulher dele de novo. O dr. G perde a paciência, fala de maneira ríspida. Quando desliga, olha para o relógio. Parece que o tempo da consulta está prestes a acabar. *Mais alguma coisa? Daniel está pensando em viajar de férias com alguns colegas*, digo. *Está medicado, parece muito bem, parece normal, mas quero saber se devo temer alguma coisa. Como são esses colegas?*, ele pergunta. *Não sei, amigos*, digo, *garotos da universidade. Tenha cuidado*, ele diz, levantando-se para se despedir, *porque **eles** andam juntos*.

***

Através dos livros de sua biblioteca e das anotações nos cadernos, examino, agora que Daniel já não está aqui, a longa lista de suas paixões na história da pintura, e vejo também como ele percorreu um caminho de reflexão estética aferrado a um fio de interesses muito específicos: aos dezoito, Luis Caballero, Roda, Bacon. Aos vinte, Lucian Freud, De Kooning, Egon Schiele, Fabian Marcaccio, mas também Rembrandt e Goya. Mais tarde, Louise Bourgeois, Chuck Close, William Kentridge, Jenny Saville. O corpo e sua dor, a deterioração, a força erótica e autodestrutiva sempre o atraíram. Mas, para além dos temas, a pintura lhe interessava como força vulcânica, desmesura, arrebatamento, verdade e crueza. Como uma confissão secreta e nua.

Por isso, por conhecer de perto o quanto ele amava sua arte, à qual dedicava todas as suas horas, fui pega de surpresa por sua decisão de pedir transferência para arquitetura, em meados de 2004. Diante da minha cara triste, Daniel confessou que a crise a respeito da sua vocação de pintor e desenhista tinha chegado a seu ponto mais alto de angústia. Ele não tinha talento. Nunca conseguiria viver da pintura. *Além disso, mãe, ninguém mais a valoriza, é uma expressão do passado.* Tento em vão argumentar, digo que estamos diante de um momento de incompreensão histórica, de uma simplificação amplificada pela estupidez da província. A pintura nunca morrerá, simplesmente se transformará como sempre fez. *Sou muito clássico*, ele diz, como um leproso que lamenta suas feridas.

Que mãe é capaz de convencer um filho de que ele tem força e talento? Podemos, nós mães, tão insignificantes como somos para os nossos filhos jovens, obrigá-los a seguir os caminhos que sonhamos para eles? Eu o vejo então fazer um esforço supremo que se traduz em maquetes, plantas, noites viradas e, sobretudo, cara de tédio, corpo tenso, falta de alegria. E ainda assim ele assume essa tortura com enorme disciplina e perseverança.

De repente compreendo que, com essa decisão, Daniel pôs um freio em seu lado emocional, usando a arquitetura como prumo para traçar as paredes de uma nova vida, em que não tenha que exibir seu eu e nem confrontar o próprio talento.

A mesma coisa que depois vai acontecer na hora de escolher seu tema de mestrado.

Só é bom o que nos faz felizes, eu dizia para ele nos últimos tempos. Liberte-se. E me dói pensar que nesse ponto ele me ouviu. Radicalmente.

***

Em julho de 2006, Daniel, meu marido Rafael e eu fazemos nossa própria descida ao inferno. Como de costume, planejamos uma viagem de férias juntos, os três. Desta vez o destino escolhido é o Brasil, onde pretendemos visitar várias cidades. Mais ou menos dois meses antes de irmos, Daniel anuncia que seu psiquiatra suspendeu a medicação. Ficamos um pouco preocupados, mas decidimos não interferir, por uma questão de respeito ao médico e ao paciente, e também porque secretamente queremos acreditar que isso é um sinal de que ele está se recuperando da doença, que ela está começando a entrar em remissão e talvez desapareça para sempre. Embora pouco provável, é uma possibilidade. Ouvimos falar de pessoas que tiveram um ou dois surtos psicóticos e depois voltaram à normalidade para sempre. Por que esse não poderia ser o caso do nosso filho?

Meus olhos, sempre alertas, começam a ver, no entanto, que o já bastante inquieto estudante de arquitetura começa a dar mostras de taciturnidade e ensimesmamento. Seu silêncio se torna mais agudo, a música cessa novamente. Às vezes vejo Daniel jogado em sua cama, olhando fixamente para o teto. Meus radares de mãe, quase sempre infalíveis, me dizem que as coisas não vão bem. Um telefonema para a dra. N, que serve de ponte com o psiquiatra, me tranquiliza por alguns dias, ou talvez me leve a pensar que minha obsessão maternal me faz ver sinais inexistentes. Quinze dias antes da viagem, porém, marco uma consulta, e meu marido e eu comparecemos para relatar nossos temores. A dra. N nos garante que está tudo bem, que o transtorno de Daniel é controlável, que ele, acima de tudo, nos manipula. O parecer, então, é de tranquilidade e, confiantes, damos início à nossa viagem.

Chegamos a Recife ao entardecer, uma cidade caótica, um tanto decadente, mas com um belo centro histórico, onde abundam canais, pontes, igrejas. Nosso hotel, muito confortável, está localizado em Piedade, um bairro de praias lindas, mas cercado por ruas inóspitas, oficinas, um comércio bastante sórdido. De nossa varanda, no décimo andar, avistamos o mar, sua incrível praia de areias amarelo-cúrcuma, completamente deserta.

Na hora do jantar, Daniel nos fala com entusiasmo dos muitos planos que tem em mente, e repete suas insatisfações.

Ele vai e volta da arte para a arquitetura, não mais com angústia, mas com fé nas opções futuras. Fala também de um possível trabalho na biblioteca. Seja como for, há uma estranha excitação em seu discurso, emoções que se traduzem em certa vibração na sua voz, numa hipersensibilidade generalizada que me causa enorme ternura. De volta ao hotel, onde nós três dormimos no mesmo quarto, ele começa a chorar de repente e a tremer, tendo o que imagino ser um ataque de pânico.

Tem sido difícil demais, ele repete incessantemente. *Faz três anos que não conecto os neurônios.*

E admite o medo de se ver, de reconhecer suas limitações. Entre soluços, ele nos confessa que tem paranoia. Nos acusa, supervaloriza qualquer palavra nossa: seu pai lhe diz "cansei", eu, que ele era "um tolo".

Você acha mesmo que sou um tolo?

Comovida, garanto a ele que não, e o abraço durante um bom tempo, e faço carinho em sua cabeça, tentando acalmá-lo como fazemos com as crianças, até ver que ele foi vencido pelo sono. À meia-noite, vou finalmente para a minha cama, com o coração apertado.

Quando a luz da manhã me desperta, minha primeira reação é verificar se Daniel ainda dorme. Sobressaltada, constato não apenas que sua cama está vazia como também que a porta da varanda foi aberta e que o vento entra por ela com tanta força que as cortinas estão balançando violentamente. Sem conseguir respirar, sufocada pelo terror, coloco a cabeça para fora disposta a fazer a pior das descobertas. Mas nesse momento um barulho me faz virar e vejo Daniel saindo do banheiro com um meio-sorriso estremecedor. Falo com ele.

Observo que as palavras que saem da minha boca demoram alguns segundos para chegar à mente dele. Meu deus. Será possível que, a despeito da opinião tranquilizadora de seus médicos, Daniel esteja doente?

***

Recife, Olinda, Bahia, Ouro Preto, Brasília, Rio. Meus olhos intranquilos seguem Daniel o tempo todo, tentando disfarçar para que não perceba. Ele parece doce e calado, como sempre, mas há uma opacidade preocupante em seu olhar. Na praia, com os pés descalços fincados no mesmo lugar, olha fixamente para o mar por quase uma hora. Em duas ocasiões, eu o surpreendo sorrindo para sua imagem no espelho, na frente da câmera adota uma expressão desconhecida para mim. Um lado seu parece estar presente em nossas visitas a igrejas e museus, outro está distante, em seu próprio céu ou inferno. A beleza de certos monumentos o comove de maneira extrema, e num dia bom, em um restaurante japonês, começa a enaltecer os desenhos nas paredes, as chaleiras, as cortinas, tudo o que há de refinado naquele lugar, e de repente começa a chorar. Quero interpretar aquela emoção como fruto da alegria que a viagem lhe proporciona, e então o abraço, com ternura. A partir daí, sua efusividade explode: acaricia meu cabelo, beija minhas bochechas, abraça o pai e diz a ele, entre lágrimas, que o ama. Um menino frágil e emotivo tomou o lugar do garoto habitualmente blindado contra os carinhos familiares.

No jardim botânico do Rio de Janeiro, Daniel parece feliz: garante que nunca tinha sentido com tanta intensidade o frescor do ar em seus pulmões, o cheiro do mato, das flores, e respira de maneira afetada, entrecerrando os olhos ou aproximando a bochecha das cascas das árvores. Isso não é normal, digo a mim mesma. Há um exagero aqui, um desequilíbrio. Por uma estranha coincidência, levei para ler durante a viagem uma breve mas excelente biografia de Virginia Woolf. Nela encontro a descrição de suas crises maníaco-depressivas, com os depoimentos sobre seu sofrimento, as vozes que a atormentavam e finalmente seu suicídio. Daniel, enquanto isso, lê o primeiro romance de meu irmão, recém-publicado. Quando pergunto sobre o livro, ele me diz que está achando muito interessante, pois encontra nele sinais que podem ajudá-lo muito. Assim que consigo um computador, escrevo para a dra. N a fim de contar o que está acontecendo, consciente da fragilidade de nossa situação de turistas distraídos, desprovidos de uma receita médica. Ela responde de maneira pontual dizendo que não precisamos nos preocupar, ele é um garoto mimado que age dessa forma pela simples razão de estar conosco. Mas essa resposta não só não me convence como me enfurece. Ensaiamos comprar seus remédios em várias farmácias, mas se recusam terminantemente a vendê-los. Talvez seja hora de consultar um médico, digo. Mas hesitamos, patinamos numa poça de indecisão e confusão. É difícil fazer um diagnóstico psiquiátrico, e talvez estejamos supervalorizando as coisas, talvez os medos que nos acompanham estejam nos fazendo enxergar como graves sintomas que ainda podem esperar. Afinal de contas, em dois dias estaremos de volta a Bogotá e poderemos pôr Daniel nas mãos de profissionais.

Então, o improvável acontece: enquanto esperamos na fila do aeroporto para despachar nossa bagagem, descobrimos que a Varig faliu e que todos os seus passageiros foram abandonados à própria sorte. O que os funcionários nos dizem, com a cara impassível de quem precisa se defender da ira instantânea causada por suas palavras, é que não há como nos mandar aos nossos destinos, e muito menos pagar hotel, transporte e alimentação. Hordas de pessoas desesperadas se acotovelam em frente aos balcões da Varig, subitamente vazios, ou decidem brigar por um assento nas companhias aéreas da região. Mas toda a esperança parece se dissipar. Somos informados de que antes de quatro dias não conseguiremos um único assento para voltar à Colômbia. Procuramos então um hotel no centro de São Paulo, onde nos acomodam em um quarto no 24º andar, e damos início a uma peregrinação obstinada ao aeroporto em busca de assentos vazios. Saímos sempre de madrugada, entre quatro e cinco da manhã, e inevitavelmente nos deparamos com as filas a essa hora já intermináveis, caóticas. Daniel cuida das malas, sentado no chão, cochilando, enquanto um de nós entra numa fila diferente e sempre eterna. Um dia um passageiro desmaia na nossa frente e cai no chão com um estrondo. Em outro momento, um pequeno motim é armado, um princípio de briga motivado pela indignação diante dos maus-tratos. No afã de romper o cerco e fugir daquelas jornadas extenuantes e dessa situação que nos exaure, começamos a considerar itinerários absurdos, como se a impaciência nos tivesse feito perder a sanidade: São Paulo-Nova York-Caracas-Bogotá, ou São Paulo--Santiago-Lima-Panamá-Bogotá. Prestes a sacar nossos cartões de crédito para comprar algum desses trajetos, nos damos conta do custo exorbitante que isso representa, de sua inviabilidade.

Durante cinco dias, toda tarde, depois de nos darmos por vencidos diante dos balcões, perambulamos desolados pelo centro da cidade em busca de um pouco de distração. Chegamos sempre rendidos ao hotel, desalentados, de mau-humor. Preocupada, começo a perceber que Daniel passa a noite inteira acordado, muito quieto, olhando para o teto. Lembro então, com um estremecimento, que em nosso primeiro dia de hospedagem em São Paulo, ele pediu que o acompanhássemos até o último andar do hotel para explorar o que havia lá, e que em outra ocasião eu o vi se sentar no parapeito da janela e olhar detidamente para o vazio. Agora eu também não durmo, atenta ao menor de seus movimentos. Então, quando já começamos a perder as esperanças, conseguimos três lugares na Taca para o dia seguinte. Respiramos. Mas o alívio dura pouco porque na hora do almoço o discurso de Daniel se torna confuso, desconexo. Com grande naturalidade, ele mistura elementos daqui e de lá, do passado e do futuro, verdadeiros e falsos, e propõe certos absurdos para sua vida, como entrar num seminário e virar padre. Quando um grupo de músicos começa a tocar, ele chora desolado, repete constantemente que é infeliz e reconta sua vida, enfatizando que não é esquizofrênico nem bipolar, como alguns amigos lhe sugeriram. Sinto algo parecido a um incêndio no peito. E abrindo muito os olhos, tento mostrar a meu marido que existe um componente de delírio nesse blá-blá-blá. Não, ele diz, estou errada. Mas mal acaba de falar isso, eu o vejo empalidecer, reconhecer que estamos enfrentando um surto de loucura.

Por que não fomos direto para um hospital é algo que me pergunto até hoje. Sabe-se lá que última esperança ou que processo de negação nos faz pensar que aquela situação ainda pode esperar as vinte horas que nos separam de nosso destino final. E é assim que no dia seguinte chegamos ao aeroporto às quatro da manhã, tensos, esgotados, indefesos, sonhando com um final feliz, sem suspeitar que estávamos prestes a viver uma das piores experiências de nossas vidas.

***

A recente emergência deixa o aeroporto de São Paulo abarrotado nesta manhã. Daniel está, como já faz alguns dias, um pouco sonolento, embora também, às vezes, ligeiramente animado com a viagem. Despachamos nossas malas carregadas de roupa suja, e já livres desse peso passamos pelos controles de segurança. Tudo parece estar indo bem até agora, apesar da constante tensão de saber que ainda há algo um tanto perturbado em sua fala. Então, quando a jovem funcionária da companhia aérea anuncia que estamos nos preparando para embarcar, Daniel se afasta alguns passos de nós e diz, muito sério:

— Pai, mãe, vou ficar.

Com a mão direita erguida, faz uma breve saudação de despedida, dá meia-volta e sai correndo. Ele é um rapaz grande, forte, de modo que, com suas largas passadas, rapidamente se perde na multidão. Meu marido reage em questão de segundos, segue-o, caça-o, agarra-o pelo braço violentamente e o sacode. Daniel grita com ele, bate nele, o chama de filho da puta. Compreendo que a violência é a única coisa em que não podemos cair, e acaricio Daniel, peço que se acalme, que tenha paciência, lembro a ele que apenas algumas horas no separam de Bogotá. Precisamos sair dali, voltar, chegar em casa. Seguro a mão dele e é assim que entramos no avião, onde o sentamos, prudentemente, na janela.

Vai doer?, Daniel me pergunta no meio da viagem, e acrescenta: *você me ajudaria a ir até o fim?* Meus temores recentes se confirmam com essas frases e por seus pedidos recorrentes e exaltados de remédios inócuos que eu trouxe na viagem em um bolsinho dentro da minha bolsa.

— Já vamos chegar a Lima, Dani. Calma.

— Será que em Lima tem um lugar alto?

Desesperada, sabendo o quanto a minha iniciativa é inútil e até mesmo ridícula, encho sua boca de gotas homeopáticas tranquilizantes. De tempos em tempos, eu o pego olhando para mim aterrorizado, e em determinado momento ele me diz, tremendo, que não sou a mãe dele. *Claro que sou sua mãe*, digo. *Lembra que quando você era criança, enrolava meu cabelo com o dedo enquanto dormia?* Ele sorri. *Então sim*, diz, *você é minha mãe, sim. Eu era uma criança*, repete, e me pergunta, com tristeza, se é bipolar. Explico a ele que essas denominações não servem para nada, que ele está apenas confuso, que isso logo vai passar, e começo a fantasiar sobre nosso futuro imediato: nós dois vamos morar na praia, numa casa bonita mas que tenha apenas o essencial, onde ele não terá que pensar em arquitetura nem em nada parecido, onde ele se dedicará apenas a pintar enquanto escrevo meus poemas e meus romances.

Conforme as horas vão passando – e são muitas –, Daniel vai ficando cada vez mais agitado, e de tempos em tempos ameaça se levantar. Quando diz que precisa ir ao banheiro, meu marido o acompanha, assustado, temendo que algo aconteça no caminho. Aproveito esse momento para pedir a uma comissária que informe o piloto que temos uma emergência psiquiátrica e que precisamos urgentemente de um médico quando chegarmos a Lima. Ao voltar para seu lugar, Daniel pede ajuda aos gritos, porque descobriu que nós queremos matá-lo, e se identifica como "o filho perdido de P. B.". Os passageiros permanecem num silêncio aterrorizado. Peço discretamente ao homem que está sentado do outro lado do corredor que nos ajude a controlá-lo caso seja necessário. Então o piloto anuncia que estamos nos aproximando do aeroporto internacional Jorge Chávez, e faço um último esforço para conter as lágrimas, que agora jorram, incontroláveis.

Nós três permanecemos em nossos lugares, enquanto os demais passageiros vão saindo lentamente. Assim que o último desce, um médico e três enfermeiros entram na aeronave. Nós nos levantamos para recebê-los, damos o nome do paciente, e nos afastamos para que possam se aproximar.

— Daniel, sou o doutor...

As boas-vindas de Daniel são um chute contundente na coxa, que deixa o médico cambaleando. Os enfermeiros e os pilotos, que esperavam junto à cabine, saltam então sobre aquele garoto transformado em Hércules, lutam com ele, arrastam-no pelo corredor estreito. Um deles aplica uma injeção no glúteo que outra mão havia deixado exposto, e Daniel para de lutar, se rende, cai de joelhos batendo com a cabeça nos assentos à sua volta. Acabou.

**

O mundo sempre riu dos loucos. De Dom Quixote, ainda que com um fundo de ternura. De Hamlet, não sem certa admiração. Como eu poderia, agora, rir da loucura?

**

Na salinha onde nos confinaram, Daniel usa seu último fôlego para gritar com as pessoas que o vigiam, ergue seu passaporte de forma ameaçadora, diz que é maior de idade e que ninguém tem direito de tocá-lo. Ele nos lança um olhar de ódio, nos chama de traidores, e pede que o deixemos sair do aeroporto: vai vender a câmera de vídeo (que ainda carrega no ombro) e se dedicar a cultivar a terra ou a viver como um mendigo.

Devastados, meu marido e eu aguardamos que os funcionários da imigração nos digam como proceder. O médico, que permanece conosco, explica que a medicação injetada em Daniel não demorará a fazer seu efeito entorpecedor e que em alguns minutos ele será "uma pessoa controlável". Em seguida o vemos, já adormecido, desabar nos braços dos enfermeiros que o sustentam.

Nos levam a um hospital pequeno e feio, situado numa rua barulhenta saturada de ônibus em um bairro popular próximo ao aeroporto. Os médicos, que nos recebem de forma diligente e gentil, acomodam nosso filho num pequeno espaço destinado às emergências, e nos dizem que o psiquiatra aparecerá em alguns minutos. Vou até a cabeceira e acaricio a testa de Daniel, beijo seu cabelo bagunçado, seus olhos fechados. E então constato, com infinita tristeza, que a medicação o relaxou a tal ponto que, sem controle dos esfíncteres, ele urinou manchando não só a calça como também os lençóis. Sim, agora Daniel é "uma pessoa controlável".

O psiquiatra, um homem alto e carismático, de ombros muito largos, feições indígenas e dentes brilhantes, nos interroga. Sim, não há dúvida, trata-se de um surto psicótico devido à falta de medicação, e é preciso hospitalizá-lo por pelo menos três dias. Antes disso, impossível sair de Lima. A contundência dos fatos, o diagnóstico claro, nosso desalento nos fazem aceitar a situação de maneira integral e tranquila. Então renasce em meu marido seu senso prático de sempre e ele começa a fazer ligações: para o seguro, para sua empresa, para nossas filhas.

Lembro que os parentes da mulher do meu irmão vivem em Lima e faço o mesmo. Em menos de meia hora Laura e Rolf chegam ao hospital, a cunhada de meu irmão e seu marido, pessoas afáveis, dispostas, cheias de desenvoltura. Isto não é lugar para o Daniel, eles dizem. Não apenas é um hospital pobre, sem recursos, como fica muito longe da casa deles, onde nos convidam a ficar. Eles tomarão as medidas pertinentes, encontrarão uma vaga em uma clínica bem qualificada, e ligarão para um psiquiatra conhecido. As ligações vão e vêm. Finalmente chegam a um acordo com o especialista que está do outro lado da linha: Daniel não será internado em um hospital psiquiátrico, mas sim em uma clínica tradicional de Lima, e seremos atendidos por um médico de muito prestígio. Nesse momento o psiquiatra residente se aproxima de nós para indicar o local onde devemos fazer os trâmites da internação, e nós, hesitantes, um tanto constrangidos, dizemos a ele que mudamos de ideia, que agradecemos muito pelos seus serviços e pelos do hospital, e que pagaremos o que é devido, mas que vamos transferir Daniel para outro lugar. Laura menciona o nome do médico que vai atendê-lo. Vemos a contrariedade na cara do psiquiatra, talvez a humilhação. Com um sorriso irônico, ele nos diz que os nomes pomposos da aristocracia *criolla* (da qual sem dúvida aquele médico faz parte) não significam nada para ele. Que podemos fazer o que bem entendermos.

Uma hora depois, transferimos Daniel em uma ambulância que veio nos buscar. Eu sento ao seu lado, seguro sua mão, falo em seu ouvido. Mas ele não responde: está mergulhado num sono profundo, o único que garante que suas assustadoras fantasias também estejam adormecidas.

***

A casa de Laura e Rolf é grande, luminosa, rodeada de jardins. Eles nos colocam em um quarto com todo o conforto, pelo qual agradecemos infinitamente. Sua hospitalidade não só nos faz sentir acolhidos, cercados de solidariedade familiar, como também nos poupa de pagar um hotel num momento em que nossos gastos extrapolaram todo o orçamento e ainda vislumbramos desembolsar muito dinheiro por conta da internação na clínica.

É quase meia-noite quando entramos em nosso quarto e, exaustos, procuramos nas malas, num silêncio que pesa feito pedra, os itens de higiene pessoal e pijamas para nos prepararmos para dormir. Como se só agora, depois de horas e horas de incerteza e esforços, pudéssemos refletir internamente sobre o que o ocorrido significa. Ouvimos que não valia a pena ficarmos na clínica para acompanhar Daniel durante a noite, pois ele só recobrará a consciência no dia seguinte. E recebemos do psiquiatra, descrito como uma eminência, um diagnóstico alarmante: a ausência de medicação fez com que Daniel corresse o grave perigo de "ficar do outro lado". Essas palavras não poderiam ser mais assustadoras. Sim, existe um "outro lado" que não é a morte, mas a alienação permanente. Penso naqueles seres de andar pesado, olhar perdido e sorriso abobalhado que eu via quando criança na clínica para doentes mentais onde uma tia minha trabalhava. Será que algum dia Daniel irá cruzar esse limiar, entrar na densa floresta da loucura e se perder nela para sempre? O simples fato de a doença ter voltado a se manifestar, e dessa maneira tão extrema, me faz afundar em uma dor atordoada: sim, isso está acontecendo, nosso filho adorado perdeu a razão momentaneamente, sua doença é grave, estamos em uma cidade estranha, enfrentando uma situação que jamais poderíamos imaginar. Meu marido, sentado na beira da cama, já de pijama, chora em silêncio. Eu me aproximo e o abraço, choro também. O sono vai demorar muito a chegar. De barriga para cima, trocamos breves impressões sobre os acontecimentos do dia, repassamos os eventos do avião, tentamos decidir o que faremos ao chegarmos a Bogotá. É preciso renunciar aos serviços de seus atuais terapeutas, que erraram redondamente ou que talvez tenham sido enganados por Daniel, e procurar um médico que nos garanta um tratamento adequado. Mas e quanto à universidade? Quando ele poderá voltar a estudar? Para quais pessoas da família contaremos o que aconteceu? Pois até agora apenas meu irmão e nossas filhas sabem. Finalmente adormecemos, mas apenas por poucas horas, porque a ansiedade nos desperta antes do primeiro raio de sol. O pio de uma ave desconhecida se repete de maneira monocórdica, inquietante. Será um tipo de coruja? São as *cuculís* ou "rolas melódicas", nos explicam no dia seguinte, pássaros que habitam a cidade desde sempre. Durante os três dias que permanecemos em Lima, somos acordados por seu canto lúgubre, que me causa calafrios por parecer conter um presságio atroz.

***

No dia anterior, o médico nos preveniu, com delicadeza: a medicação aplicada em Daniel é tão forte que é possível ficarmos impressionados ao vê-lo, e até que não reconheçamos nosso filho.

Peço a ele, a voz tensa pelo pânico, que se explique. *É possível que sua cabeça esteja caída sobre o peito, sem forças,* ele diz, *que ele esteja com o olhar perdido, que babe, que tenha tiques.* Logo, ao entrar em seu quarto nesta manhã, estou tremendo. Mas imediatamente respiro aliviada: Daniel está recostado sobre uma pilha de travesseiros, e sua cara é a de sempre, apesar de mais pálida, com sinais de muita exaustão. Nós nos aproximamos com delicadeza, fazendo um esforço para parecermos calmos, mas com uma expectativa que sem dúvida modifica nossa expressão.

Eu o cumprimento apertando sua mão.

— Oi, mãe — ele diz.

Sua saudação não é a de alguém doente, e isso me reconforta. No entanto, seu desconforto é visível. Meu marido pergunta como ele está, como passou a noite.

— Totalmente focado.

É seu jeito de dizer que dormiu profundamente. Ele olha para nós, inquieto.

— Por que estou aqui? O que aconteceu?

Tento fazer com que minha voz soe leve, que diminua sua possível apreensão.

— Pelo que aconteceu no avião, Dani, lembra?

— No avião?

O que posso dizer? Como explicar que ele teve um surto, que se desligou da realidade, que fez um escândalo assustando os passageiros? Mas antes que eu diga qualquer coisa, ele lembra:

— Ai, sim, no avião. Fiquei louco, certo, mãe?

— Mais ou menos, Dani. Não sei se louco, mas você estava esquisito.

— Ai, mami, coitados dos passageiros.

Daniel está sorrindo, e eu também sorrio e o tranquilizo. *Não foi nada muito grave*, digo, para não o deixar angustiado. *Foi só um momento de confusão que já está sendo tratado*. Minha alma voltou ao corpo: Daniel não ficou "do outro lado". Ele fecha os olhos e nós velamos seu sono, mais calmos. Quando acorda, algum tempo depois, sua pergunta faz com que meu coração suba à garganta:

— Oi, pai. Oi, mãe, por que estou aqui?

Repetimos a resposta tentando dissimular o terror que existe agora em nosso olhar.

***

A alta da clínica tem suas complicações: a companhia aérea exige uma autorização de viagem assinada pelo médico responsável, e ele não aparece há um dia e meio. São oito da noite, nosso voo sai por volta das dez da manhã do dia seguinte, e a essa altura já deveríamos ter o documento pronto. Com ajuda de uma enfermeira, passamos quase duas horas tentando localizar o psiquiatra por telefone, sem sucesso. Finalmente ele aparece, quase às nove da noite. Irrompe pelo corredor com passo determinado e semblante contrariado, explicando que está com pressa, que sua mulher o está esperando lá fora, no carro. A julgar pelo traje, eles vão a uma festa de gala ou a um casamento. A cena é estranha: o médico, de boas maneiras, mas simpatia nula, vestido com um smoking impecável que o faz parecer mais loiro, mais alto e mais bonito do que com seu jaleco branco, rabiscando às pressas uma receita e assinando a autorização ao pé da cama de Daniel, que, de pijama, e pelo visto já plenamente em posse da razão, sorri com aquela sua cordialidade de garoto bem-educado.

No dia seguinte, então, embarcamos de novo no avião da Taca, ao qual Daniel chega, seguindo o protocolo, em cadeira de rodas. Como não ficar ansiosa, como não lembrar com um calafrio das cinco horas de terror que vivemos há tão pouco tempo. Mas, durante o voo, Daniel se dedica a folhear uma revista que comprou no aeroporto, assistir a um filme e cochilar. Ele recuperou completamente a normalidade, e parece apenas um pouco mais magro, cansado, taciturno. Este episódio deve significar para ele a mais contundente e trágica constatação: ele não é como os outros, a loucura em forma de alucinações paranoicas é uma ameaça a sua vida.

O trato que fizemos com o psiquiatra peruano é que levaremos Daniel diretamente a uma clínica para que verifiquem seu estado e deem prosseguimento ao tratamento pelo tempo que for necessário, portanto, entramos em contato com um novo médico, o dr. E – que acabará sendo seu terapeuta pelos quatros anos seguintes –, que nos recomenda uma clínica de repouso para onde devemos levá-lo. No entanto, providenciamos a presença de sua antiga psicóloga na ambulância que nos espera no aeroporto, aquela que em várias ocasiões nos tranquilizou dizendo que Daniel exagerava para nos manipular. Não fazemos isso por ainda acreditarmos nela, tampouco para que ela veja a gravidade do que aconteceu, e sim porque uma figura familiar pode tranquilizar Daniel nessas circunstâncias.

A recepção da clínica é grande e relativamente acolhedora. Daniel responde às perguntas das médicas residentes da maneira mais gentil, com aquele ligeiro constrangimento que essas passagens por internação em um centro de saúde provocam em quase todos nós.

Enquanto meu marido cuida da papelada, corro até nossa casa, a mesma que deixamos há cinco semanas. Ao entrar, me sinto oprimida pelo silêncio e pela atmosfera do quarto de Daniel que agora me parece desoladora, apesar das máscaras coloridas nas paredes e das prateleiras repletas de livros que parecem ressaltar a sua ausência. Enquanto enfio itens básicos numa mala, um pijama limpo, roupa íntima, meias, uma muda de roupa, um bom suéter, sinto que algo definitivo está acontecendo em nossa vida.

Uma vez terminados os trâmites, andamos com Daniel e uma enfermeira por longos corredores rodeados de jardins. Os espaços abertos, as marquises, as árvores e os gramados com seus bancos para os pacientes nos dão uma boa impressão, assim como o quarto, de uma austeridade carcerária, mas confortável e muito limpo. Agora eles vão lhe dar um lanche e o pôr para dormir um pouco, e o médico virá no final da tarde e dirá até que ponto Daniel deve se integrar à rotina dos outros pacientes. Eu os observei discretamente ao entrar: quase todos muito jovens, divididos em pequenos grupos, e uma ou outra pessoa mais velha, que perambula por ali ou lê um livro numa sala de estar ou ao ar livre. Uma mulher vestida com cores gritantes lê a Bíblia para um adolescente pálido, provavelmente seu filho, com a pele marcada por cicatrizes de espinhas e um cabelo preto e ralo que dá a ele um ar estranho, de doente terminal. Vestidos com seus jalecos brancos, médicos e enfermeiras entram e saem de grandes blocos de tijolos.

Meu pesadelo mais terrível se concretiza: Daniel está trancado em uma clínica para doentes mentais. Ele, perfeitamente consciente do que isso significa, faz comentários irônicos. Quando pergunto se ele quer que eu traga telas e seu estojo de tintas a óleo, ele responde, com humor ácido, que bem, tentará pintar à maneira de Van Gogh. Na hora de sair, prometo que telefonaremos à noite, e que na manhã seguinte viremos visitá-lo e traremos tudo o que ele achar necessário. Nós o abraçamos, o beijamos na cabeça e na testa, e caminhamos até a saída pelos mesmos corredores, que agora nos parecem eternos.

***

Fiquei esperando ansiosamente pelas oito e meia. Digito o número de telefone e uma voz seca atende com o nome da clínica. Explico que quero falar com meu filho. A voz me pede para esperar. Começo a tremer de emoção. Faço um esforço para conter as lágrimas. Antecipo o diálogo e apuro minhas antenas para tentar identificar na voz de Daniel seu estado de espírito. Imagino-o caminhando até o telefone pelos longos corredores que já conheço. Então a voz volta a aparecer do outro lado da linha:

— Sinto muito, senhora. O paciente não tem autorização para receber ligações.

Primeiro vem o susto, depois a raiva.

— Mas me disseram que...

— Senhora, só cumpro ordens. É o protocolo.

Insisto. Agora minha voz soa desesperada. Minhas explicações saem atropeladas, soam toscas, ingênuas.

— É que meu filho está esperando esta ligação, por favor. Ele vai pensar que nós o abandonamos.

A voz não vacila. Sua impavidez me faz pensar que ela já repetiu essas mesmas frases em outras ocasiões. Compreendo que estou falando com um muro e desligo, desolada. São apenas horas, digo a mim mesma, que nos separam de Daniel. Amanhã depois do meio-dia poderemos vê-lo, como disse a enfermeira. Para acalmar a ansiedade, faço a pequena mala com esmero, acrescentando as coisas que comprei à tarde para mimá-lo: chocolates, um caderno para anotações, meias novas. E vou dormir cedo com a ajuda de um calmante.

A enfermeira que nos recebe no dia seguinte examina um caderno enorme que contém as instruções que os médicos deram para cada paciente. Em seguida, nos observa com um olhar pretensamente bondoso, franze os lábios.

— Que pena, o sr. Daniel não tem autorização para receber visitas.

— O quê??

— Nos primeiros quinze dias os pacientes não podem receber visitas. E ele entrou ontem.

Rafael precisa me acalmar. Não grito, mas tenho que me conter para não fazer uma cena violenta. Pergunto repetidamente quem foi que nos disse isso e quando.

— A senhora teve que assinar um papel.

A enfermeira e o guarda trocam olhares, erguem as sobrancelhas. Devo parecer uma paciente como outra qualquer, vítima de uma crise de ansiedade.

— Eu não assinei nada.

— Não assinamos nada — meu marido me imita.

Pedimos para ver o diretor da clínica. Ele não pode nos atender, mas vão chamar a enfermeira-chefe. E se quisermos, enquanto isso, eles podem levar a mala para o paciente.

Mas não vou largar esta mala que quero abrir amorosamente lá dentro, quando estiver com meu filho, quando puder perguntar a ele como passou a noite e como se sente hoje, e quando puder explicar a ele que foi tudo um mal-entendido, ou propor a ele que venha conosco, para outra clínica, ou para a nossa casa, onde cuidaremos dele com carinho.

A enfermeira-chefe nos diz com voz tensa que esse é o regulamento, que só quem pode quebrar as regras e autorizar visitas antes de quinze dias é o médico, e que ele está com Daniel neste exato momento. Menciono sequestro, direitos, leis. Finalmente, vencidos, nos sentamos para esperar.

***

Isto é o que Nabokov nos diz em seu conto "Signos e símbolos":

> Passava da meia-noite quando ela ouviu da sala o gemido do marido; e ele veio cambaleando, usando sobre a camisola o velho sobretudo de gola de astracã que ele preferia ao lindo roupão de banho azul que tinha.
>
> "Não consigo dormir", exclamou.
>
> "Por quê?", ela perguntou. "Por que não consegue dormir? Está tão cansado."
>
> "Não consigo dormir porque estou morrendo", disse ele e deitou-se no sofá.
>
> "É o estômago? Quer que eu chame o dr. Solov?"

"Nada de médicos, nada de médicos", ele gemeu. "Os médicos que vão para o inferno! Temos de tirar o menino de lá depressa. Senão vamos ser responsáveis. Responsáveis!", repetiu, e se pôs de súbito em posição sentada, ambos os pés no chão, batendo na testa com o punho fechado.

"Tudo bem", ela disse baixinho, "a gente traz o menino amanhã de manhã".

"Queria um chá", disse o marido e se retirou para o banheiro.

[...] Ele voltou animado, dizendo em voz alta: "Já organizei tudo. Damos para ele o quarto. Cada um de nós passa uma parte da noite ao lado dele e a outra parte no sofá. Em turnos. Trazemos o médico pelo menos duas vezes por semana. Não importa o que diga o Príncipe. Ele não vai dizer nada de qualquer forma porque vai sair mais barato."

[...] Iam pegá-lo assim que amanhecesse. Tinham de manter as facas numa gaveta trancada. Mesmo em seus piores momentos, ele não representava perigo para outras pessoas.[9]

***

No mesmo dia da nossa visita à clínica, Daniel volta para casa conosco. Não tivemos de tirá-lo à força, com raiva e ofendidos, como cheguei a fantasiar. Foi o médico que, após conversar por uma hora com ele, decidiu que seu estado permite que seja reintroduzido ao mundo de maneira relativamente normal.

— Quer dizer que Daniel pode voltar à universidade?

— Claro que sim.

— Mas o semestre começa em uma semana.

— Em uma semana ele poderá voltar a estudar sem problemas. Mas durante esses dias, vocês não podem perdê-lo de vista. É melhor que ele não saia muito. Existe risco de suicídio.

O médico é um homem de gestos severos e de poucas e graves palavras. Um psiquiatra de formação psicanalítica, que exige um tratamento combinado de medicação e terapia semanal. Ele nos entrega um cartão com o endereço de seu consultório e a data da próxima consulta, dois dias depois, e se despede com um aperto de mão.

***

— Daniel...

A porta do seu quarto voltou a se fechar, como todos os dias desde que ele entrou na adolescência, mas desta vez à chave.

Ninguém responde. Insisto, batendo suavemente, como sempre faço quando preciso entrar. Eu me pergunto, com o coração já ligeiramente acelerado, se está dormindo.

— Dani, Daniel...

Meu marido se aproxima furtivamente, olhando para mim com olhos assustados. Teremos que procurar a chave. Deus. Onde pode estar a chave?

Todos os tipos de fantasias me assombram, apoiadas nas palavras do psiquiatra. E agora? Então Daniel abre a porta abruptamente, e nos olha, intrigado. Parece se perguntar o que este par de malucos de pijama está fazendo aqui à espreita do lado de fora do seu quarto. Está de jaqueta e com as chaves do carro na mão.

— Vai sair?

— Vou, por quê?

Silêncio.

— Vai aonde?

— Pra casa de uns amigos.

Eu o vejo descer as escadas, com uma rigidez no corpo que me enternece.

— Dani, não seria melhor?...

Mas ele se recusa, minimizando nossa preocupação. De nada adiantará tentar uma consulta telefônica com o psiquiatra. Ortodoxo como é, só aceita falar com o paciente. Foi ele que nos disse isso. Sem exceções.

Quem pode deter um homem de vinte e três anos, ainda que dois dias depois de ele ter recebido alta de uma casa de repouso?

Quem pode deter um homem, de qualquer idade – reflito agora – quando ele decidiu acabar com a própria vida?

***

Quando aos vinte anos Daniel começou a se comportar de maneira estranha, alguns amigos o abandonaram, cedendo ao medo primitivo que a loucura nos causa. Sua grande perda foi uma de suas melhores amigas, que fechou de maneira definitiva as portas de casa para ele. (Eu a verei depois muitas vezes passar ao longe, uma garota dourada, esplêndida, e sempre sentirei um aperto no coração.) Desde então, já consciente de que se trata de uma realidade incontornável, Daniel faz da doença o grande segredo de sua vida: o temor ao estigma passa a ser mais um medo. Solidários a ele, nós também nos calamos.

Mas ele não vai deixar que os monstros o vençam. Com ajuda de seu psiquiatra, fortalece sua sociabilidade, reafirma seus afetos, descobre que é popular com as mulheres e os amigos. Comparece aos compromissos sociais, às festas, ao trabalho, e em todos os lugares se comporta de maneira afável, participativa. Os modos são gentis, assim como sua voz. Vou ser normal, parece ser seu lema. Ou talvez: vou parecer normal.

O que se passa em sua cabeça enquanto isso?

Desconheço as visões que assombravam Daniel. Sei por uma namorada sua que muitas vezes ele acordava à meia-noite aterrorizado, dava um pulo, e saía do quarto para voltar depois de um tempo. Sei que mais de uma vez ele ouviu vozes, algumas de homens que vinham atacá-lo. Sei que em suas crises, conforme confessou ao psiquiatra, uma dessas vozes lhe dizia ao ouvido: "se mata, se mata". Sei que por longos períodos se sentia vigiado, censurado, perseguido. Que via sinais nas coisas minúsculas.

E o medo da loucura? E o medo de fracassar em sua arte? E o medo da solidão, da falta de amor, do abandono?

Você é diferente, perigosamente diferente, é o que sua dolorosa consciência devia lhe dizer.

***

Diferente era também o inseto em que Gregor Samsa se transformou, e por isso, angustiado pela culpa de envergonhar sua família, ele se isolou em seu quarto, longe do olhar da irmã, que era seu grande amor, para não a assustar.

***

De fato, você não é como os outros. As mensagens que as suas centenas de neurotransmissores precisam levar a cada um dos seus neurônios, que são milhões, chegam até você de forma distorcida porque as sinapses, suas membranas imperceptíveis, não cumprem a função delas. Talvez você tenha dopamina em excesso, talvez o seu nível de serotonina seja baixo, ou quem sabe não haja um equilíbrio entre essas nobres damas e a noradrenalina. Como posso saber, se a força reguladora das suas emoções está localizada em um ponto escondido, perto da base do seu cérebro? É por isso que você vê o chão ondular, o olho do seu professor crescer descontroladamente, a janela se aproximar de você. Por isso ouve na sua cabeça um choro que não cessa, ou alguém respirando na sua nuca. Por isso você sente medo, vontade de se trancar, de fugir dos passos que perfuram seus ouvidos. Por isso você vê a parte e não o todo, por isso você já esqueceu tudo agora que terminou de ler.

Mas a ciência não te abandona. Abre a boca e fecha os olhos. Sinta na sua língua a pequena drágea que fará o milagre. Estamos no século XX ou no XXI, tenha fé. Risperidona, haloperidol, clorpromazina, olanzapina, aripiprazol? O nome não importa. Basta você saber que se trata de um antipsicótico, um produto de última geração. É verdade que pode não funcionar com você, pode até te excitar ainda mais, fazer com que você se jogue no vazio, mas na maioria dos casos funciona, pode ter certeza. Vai te deixar meio abobalhado, vai, e é possível que você fique tonto ao se levantar. Por isso vai com cuidado. Talvez você se sinta lento, distante, desligado do mundo, indiferente; talvez tenha sede, comece a salivar, fique rígido. Talvez você trema, tenha tiques, dores nas pernas e nos braços. Ou fique impotente. E uma coisa é certa, boa parte do tempo você sentirá sono. É disso que se trata: aniquilar seus excessos de dopamina, entorpecer um pouco o seu cérebro, matar aqueles malditos demônios. Se tiver convulsões, ligue para a gente. Ou se ficar com visão turva ou dificuldade para engolir. Se você tomar por muito tempo pode ter acatisia, olha só que nome. Isso significa que o seu corpo vai querer se movimentar sem parar, inquieto. Ou o contrário, você pode se sentir como uma pedra, como uma bela estátua condenada ao repouso. Sua capacidade de compreensão pode ficar mais lenta, a sua fala pode ficar pesada. Mas tudo isso é para o seu bem. Para que os pensamentos não rodopiem vertiginosamente na sua cabeça, não sequestrem e afastem você, não explodam dentro de você e desintegrem o seu eu.

Não poderão curá-lo, isso não. Mas pelo menos não fazemos mais lobotomia. Não damos mais eletrochoques nem amarramos você em uma camisa de força; não damos banho de água fria nem arrancamos os seus dentes. Como já disse, esses são os maravilhosos avanços do século XXI.

* * *

Os planos de saúde autorizam no máximo trinta consultas psiquiátricas individuais por paciente por ano, cada uma com duração máxima de quarenta minutos. Isso não basta para um paciente que sofre de uma doença grave e deseja melhorar. É preciso pagar por consultas particulares.

Então os parentes e o próprio paciente precisam preparar o bolso. Quatro sessões de análise de cinquenta minutos por mês mais os remédios equivalem neste país a um salário-mínimo e meio: cinquenta por cento a mais do que ganha um trabalhador da construção civil, quinze por cento a mais que o salário de uma recepcionista. Um terço do que ganha um professor de escola pública.

***

De 2006 a 2010, Daniel compareceu semanalmente, com disciplina rigorosa e fé absoluta, ao consultório de seu psiquiatra. Nesse meio-tempo, graduou-se em artes plásticas, especializou-se em arquitetura, foi contratado como professor de artes em uma escola, fez um curso de férias em Paris, passou no exame GRE e se candidatou a cinco universidades nos Estados Unidos. Passou o Natal e o Ano-Novo de 2010 na Holanda, com Laura P., sua melhor amiga, de lá viajou com ela para Praga, Berlim e Lisboa. Voltou para Bogotá em 16 de janeiro. A descrição que fez da viagem, loquaz, emotiva e hiperbólica demais para um garoto calado como ele, me colocou em alerta. No dia 18, data do meu aniversário, enquanto comemorava com meu marido em um restaurante, uma ligação da minha filha confirmou minhas suspeitas: Daniel estava fantasiando que seria mandado embora da escola onde trabalhava por ter exposto um quadro em uma galeria de arte sem autorização de seus chefes. O jantar acabou aí. Voltamos para casa com a garganta apertada pela angústia, e encontramos um Daniel ansioso, que às vezes aceitava que estava delirando e às vezes insistia no delírio. Quando perguntei a ele – pois já conhecia estudos que mostram que uma porcentagem altíssima de doentes abandona a medicação em determinado momento – se ele tinha parado de tomar o remédio, ele, que nunca mentia, admitiu que tinha parado de tomar havia três meses. *Também não tomei quando estava em Paris*, confessou, *e nunca fui tão feliz*.

Nessa mesma noite Daniel entrou em contato com seu psiquiatra. Ele o aconselhou a não ir ao trabalho e combinaram uma consulta para o dia seguinte. Por isso ficamos surpresos ao ouvir o chuveiro de manhã cedinho. Não pudemos fazer nada: Daniel saiu muito cedo, dirigindo, para dar aula.

***

Como é possível viver cada segundo sabendo que seu filho está entrando em um surto de paranoia, talvez em um estado psicótico, e que não há o que fazer porque tudo está revestido de uma aparência de normalidade que não a autoriza a tomar medidas drásticas? Às seis da tarde Daniel chegou da consulta médica com o semblante sombrio e uma caixa de um novo remédio que deveria começar a tomar. Com delicadeza, perguntei como ele estava se sentindo, e pela resposta percebi que nada havia mudado desde o dia anterior: apesar de leve, a sensação de ameaça persistia nele. Para animá-lo, ofereci uma massagem. Trouxe um imenso frasco de um óleo âmbar e uma toalha e fiz o melhor que pude com as minhas mãos: passei os dedos pelos seus ombros, nuca e cabeça. Escavei seus cabelos, acariciei os lóbulos de suas orelhas como havia visto as massagistas fazerem. Daniel, sorridente, voltou a ser criança em minhas mãos.

Eu o deixei assim, relaxado e de pijama, comendo em frente à televisão. Vinte minutos depois, um pressentimento me fez voltar ao seu quarto. Bastou que trocássemos um olhar para que eu compreendesse. Perguntei, e Daniel, com uma expressão ansiosa, ergueu diante dos meus olhos a cartela de antipsicóticos completamente vazia. Fui firme quando impus que fôssemos à clínica. O que ele faria agora? Me enfrentaria, tentaria pular pela janela? Não, nada disso. Seu pai, que estava subindo a escada, se deparou com um garoto assustado, que levava a mão ao coração. Já na clínica, Daniel entrou num estado letárgico. Vendo-o na maca da sala de emergência, num torpor profundo, os lábios pretos pelo tratamento com carvão ativado, pensei que essa seria sua aparência na hora da morte. Não foi desta vez, disse a mim mesma, enquanto observava o monitor que media seus sinais vitais. E não pude deixar de me perguntar quando seria.

III. A QUARTA PAREDE

Todo entender é um mal-entendido.
Imre Kertész

O suicídio é uma confissão de fracasso.
A. Álvarez

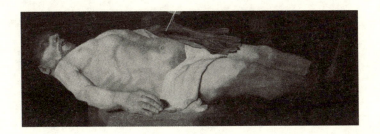

Jean Améry, pseudônimo de Hans Mayer, que se matou com uma dose de barbitúricos na primavera de 1978, em Salzburgo, escreveu em seu lindo livro *Hand an sich legen. Diskurs über den Freitod* ["Erguer a mão contra si mesmo. Discurso sobre suicídio"]: "Toda vez que alguém morre pelas próprias mãos ou tenta morrer, cai um véu que ninguém poderá levantar novamente, que talvez, na melhor das hipóteses, poderá ser iluminado com clareza suficiente para que o olho reconheça uma única imagem fugidia".[10]

O texto é ambíguo, mas poderíamos falar de um primeiro véu, o que cai diante dos olhos do suicida, véu que a meu ver se parece mais com uma cortina escura e pesada que faz as vezes da palavra fim.

Porém, existe outro véu, mais leve, mas sem dúvida também perturbadoramente atroz: o que cai diante dos olhos dos pais ou dos filhos ou do cônjuge, enfim, diante dos enlutados daquele que tirou a própria vida. Através dele vemos apenas sombras; e quando, ao aguçar o olhar, acreditamos já estar enfocando uma realidade precisa, esta muda ou desaparece.

Como na perda amorosa, depois do suicídio da pessoa amada, a mente retorna continuamente ao acontecimento em si, sempre se equilibrando sobre um abismo de ansiedade e desconcerto. Porque no coração do suicídio, mesmo nos casos em que se deixa uma carta esclarecedora, há sempre um mistério, um buraco negro de incerteza em torno do qual perguntas se esvoaçam, feito borboletas enlouquecidas.

***

Minha primeira reação após a morte de Daniel foi tentar *entender*. Os que estão ao meu lado, talvez mais sabiamente que eu, se contentam em aceitar. É assim. Era. Aconteceu. Foi a doença, dizem. Mas eu sei que havia algo além do transtorno: uma lucidez suficiente para querer morrer. Gostaria de poder saber – embora não saiba bem o porquê – quanto tempo durou sua hesitação, qual foi a magnitude de seu sofrimento, quais opções ele considerou quando o cerco começou a se fechar.

Tentando descobrir o que passava pela cabeça de Daniel em seus últimos dias, vamos a Nova York conversar com a médica que o atendeu no último mês. É uma mulher jovem, de gestos suaves, que nos recebe com evidente nervosismo. Tem medo, talvez, de enfrentar pais furiosos ou um processo, no pior dos casos. Poderia ser assim, já que lá mesmo ficamos sabendo que ela o aconselhou a diminuir a dose de seu antipsicótico, apesar de nunca ter pedido o histórico médico de seu paciente e nem saber qual era seu diagnóstico. Para ela, a única coisa estranha era que nosso filho tomasse uma medicação tão delicada, sendo "um rapaz bastante normal, com sinais leves de paranoia, sim, mas nenhum outro sintoma realmente grave. Um garoto preocupado com seu futuro profissional, com as moças do seu entorno e com o amor, com inquietudes totalmente próprias da idade". Seu suicídio a deixou pasma, desconcertada.

Quando constata que está apenas diante de um casal cheio de angústia que tenta reunir dados sobre os últimos dias de seu filho, ela se desarma. A partir de fatos que vai descobrindo por nós mesmos, explica que a chamada "tempestade perfeita" que potencializa o suicídio requer três fatores: um físico (neste caso a doença), um subjetivo (talvez a sensação interna de fracasso?) e um social (talvez o que A. Álvarez descreve como "[...] a insuportável ameaça do escrutínio público"). Algumas semanas mais tarde, em Bogotá, seu médico nos fala da "quarta parede", aquela que o suicida levanta diante de seus olhos para reafirmar a sensação de aprisionamento.

A partir daí, numa tentativa de compreender como foi tecida a rede de eventos que acabaram por lançá-lo à morte, tento me guiar pelo labirinto agarrada ao fio das últimas decisões de Daniel. E o quebra-cabeças vai sendo montado diante dos meus olhos, embora desde já eu possa antecipar que ficarão faltando algumas peças.

* * *

Naquele 19 de janeiro de 2010 em que Daniel tomou todos os seus antipsicóticos, diante de seu corpo inconsciente, fizemos ao seu psiquiatra a pergunta mais difícil: é possível, depois do que aconteceu, ele ir estudar fora da Colômbia?

Até este momento fomos testemunhas de seu imenso e contínuo esforço para alcançar o seu sonho: fazer um mestrado em uma universidade de alto nível nos Estados Unidos, como suas irmãs, como muitos de seus colegas de escola e universidade. Nós o vimos estudar durante dias, noites inteiras, para prestar os exames, e depois enfrentar simulados exaustivos na frente do computador, em completo isolamento e submetido às fortes exigências de tempo demandadas pelas provas. Também o vimos preencher formulários, recolher certificados, pedir cartas de recomendação a seus professores, escrever ensaios sérios sobre temas específicos, montar meticulosamente seu dossiê de artista, fazer entrevistas telefônicas em inglês, pesquisar sobre o currículo, possibilidades de moradia, bolsas, empréstimos. Durante meses foi um tema fundamental em nossas conversas. Ir embora. Especializar-se. Morar nos Estados Unidos, em Nova York, uma cidade plural, que tolera o diverso, o diferente, que não rotula nem aponta.

Insistimos: depois dessa tentativa de tirar a própria vida, Daniel poderá continuar perseguindo seu sonho? Poderemos ter o mínimo de tranquilidade enquanto ele viver longe?

Dependemos da resposta deste homem a que estamos agradecidos, a quem perdoamos a frieza e a distância.

— Claro que sim — ele diz —, Daniel será totalmente capaz.

***

Toda vez que chegava uma carta de admissão de uma universidade – e foram quatro – havia uma pequena comemoração em casa. Também comemoramos o dia em que informaram que um empréstimo havia sido concedido. Sim, Daniel será capaz, dizia a mim mesma todas as noites antes de dormir, mas sentindo um aperto no peito. Ele não escondeu seu medo de mim. Antecipava as dificuldades cotidianas, a precariedade em que teria que viver, as altíssimas exigências acadêmicas, o inverno rigoroso. Sem nos dizer nada, se inscreveu em um curso de culinária, que frequentava à noite, após o trabalho, e nos sábados de manhã. Vê-lo chegar exausto, mas satisfeito de ter aprendido a preparar um peixe ou uma salada, sempre me comovia. Ele é assim, eu pensava enternecida, exigente, perfeccionista, sempre adulto, desde pequenininho; aos cinco anos, deixava seu uniforme estendido sobre a cadeira. Então, sofrendo por antecedência pela separação, passava a mão por seus cabelos, tocava suas bochechas. E quando o dia da viagem estava próximo, encaramos a difícil tarefa de escolher o que levaria nas malas. Para o verão, para o outono, para o inverno. Uma gravata e um traje formal, por via das dúvidas. Cuecas novas e as velhas para o lixo. Seis calças no máximo. Dois pares de tênis, uma bota, os sapatos pretos, as pantufas peludas. E esta jaqueta? Muito pesada. Mas o outono. Leva a corta-vento. E livros: é preciso escolher. Dez no máximo, os essenciais.

Ai, Dani: já sei que você não vai voltar para esta casa. E é melhor que demore anos para voltar a este país de incertezas, tudo será mais fácil lá.

Mas esses eram apenas pensamentos secretos, porque junto com sua alegria eu podia ver como o medo o fazia empalidecer de repente. *Você vai ser feliz. Terá todos os museus à sua disposição. Talvez se case por lá. Mas não se esqueça que você nunca poderá parar de tomar a sua medicação.*

***

Umas duas semanas antes da viagem, retomo a ideia de que Óscar Monsalve, o amigo fotógrafo que me retratou para a divulgação dos meus livros, faça uns bons retratos de Daniel. Quero ter imagens suas que não sejam as de sempre de nossas viagens de férias ou festas familiares. Quando falo desse plano, Daniel sorri, entre surpreso e satisfeito. Mas Óscar não atende nem em sua casa, nem em seu estúdio, tampouco responde aos meus e-mails. Os dias vão passando e eu fico resignada, pensando que talvez ele esteja fora, na Tanzânia ou em Moçambique. Depois da morte de Daniel, descubro que Óscar, que reapareceu para me dar os pêsames, simplesmente trocou seus telefones e e-mail, numa infeliz coincidência. Será ele quem, alguns meses depois, fará o registro fotográfico da obra de Daniel para o livro que estou preparando e que marca o primeiro aniversário de sua morte.

***

E aqui estamos nós, em Nova York, três mães comprando uma escrivaninha na Ikea, um tapete, porque o do quarto está cheio de manchas nojentas, uma pequena luminária, um aspirador de mão, enquanto Daniel vai ao coquetel de boas-vindas da Columbia na segunda-feira, à integração na terça, e assiste às primeiras aulas na quarta. Tudo mulher e só três homens, ele nos informa, com um sorriso. *Que estranho. Melhor assim, Daniel, você será o queridinho, como foi em Paris.*

Chega o momento da despedida. Estou acostumada à sua frieza na hora de se despedir, como se temesse que um abraço o derrubasse. Mas dessa vez sinto todo seu corpo tremer contra o meu, como se fosse cair no choro. *Aproveite esta cidade maravilhosa, lindo. Aproveite o verão. E não estude mais que o necessário.*

Na volta, Daniel se transforma em um vazio em meu estômago, em desassossego, em nostalgia. Escrevo, então, um poema, que se mostrará tão premonitório que será lido no dia de seu funeral. Eu o intitulo *"Desgarradura"* ["Rasgadura"]:

Mais uma vez você sai de mim, pequeno, meu sofredor.
Mais uma vez você olha tudo com um olhar novo,
e enche seus pulmões com ar jubiloso.
Você já não chora.
O mundo, por ora, não te machuca.
Tudo é cálido desta vez, carícia pura,
como uma longa primavera.
Você ignora
meu útero vazio, meu sangramento.
Desconhece
que o grito de dor da parturiente
ressoa internamente e se asfixia, sufocado,
para não perturbar
o silêncio que ronda a casa
como uma mosca azul reluzente.
Minhas mãos já não podem abrigá-lo.
Apenas dizer adeus como nos dias
em que ao girar, ansioso, a cabeça,
meu sorriso se abria atrás da janela
para iluminar o seu. Quando tudo
transcorria de forma simples, sem ferida,
nem entranha exposta, nem rasgadura.

É um poema que faz parte do meu livro *Explicaciones no pedidas* ["Explicações não solicitadas"].[11] Meses depois, quando ele é publicado – Daniel já morto –, uma amiga observa que em outras passagens eu menciono homens que pulam de janelas.

***

Na literatura médica existe um dado que todos os especialistas repetem: o grande gatilho das doenças relacionadas à esquizofrenia é o estresse. Isso não era claro para mim enquanto Daniel morava comigo em Bogotá – os médicos que o trataram sempre se recusaram a trocar mais de três palavras com a família –, mas me pareceu óbvio depois de sua primeira crise em Nova York.

Foi em outubro, dois meses e meio depois de sua chegada. Daniel está cursando seis disciplinas – das quais apenas uma é pintura – e, de acordo com Renata, algum tempo depois se sente sobrecarregado, não só pela enorme carga acadêmica, mas também porque começa a entender que fez a escolha errada: administração artística. Quando ele se candidatou às universidades, muitos de nós colocamos essa escolha em cheque. *Por que você vai estudar isso, Daniel, se você é um artista?*, eu dizia a ele, e alguns de seus professores e amigos também. Mas Daniel, conforme me explicou depois o dr. E – que sempre repetiu que ele era, antes de tudo, um pintor –, tinha bons motivos: à sua mente assombrada por medos e obsessões não convinha um horizonte de dias sem horários, com a promessa da liberdade própria da vida de um artista, dependente de sua disciplina e que deve optar pela solidão. *Preciso de rotina, um chefe, um trabalho imposto de fora, que me amarre a um ritmo, a deveres, a um processo de concentração e não de divagação*, ele me disse certa vez. Mas, além disso, um dos medos que o deixava obcecado era a pobreza. *Ninguém mais compra pintura, mãe*, ele me dizia. *Vou viver de quê?*

***

Como é difícil escapar da ortodoxia, dos caminhos traçados por uma sociedade que determina quais são as formas do sucesso. Quase sempre transitamos por vias estreitas, em busca de uma suposta coerência, assombrados pelo caos ou pelo diletantismo. Como professora que fui durante trinta anos, pude ver muitos jovens talentosos entrarem em seus mestrados, doutorados ou pós-doutorados (!) em ciências humanas ou em artes, e passarem os dez anos mais belos de sua vida adquirindo conhecimentos e fazendo provas para depois voltarem a seus países terceiro-mundistas à procura desesperada de um trabalho que lhes permita pagar a enorme dívida contraída por seus pais. Muitos deles logo começam a trabalhar, é verdade, mas por um salário baixo que mal lhes permite sobreviver. Mesmo assim, me ocorreu incentivar Daniel a estudar artes, apenas.

E pensar que Chatterton se envenenou porque não conseguia ganhar a vida escrevendo, e que Van Gogh nunca vendeu seus quadros, considerados extravagâncias sem valor!

***

Apenas dois meses depois de entrar na Universidade Columbia, Daniel percebe que deu um passo em falso, mas não se atreve a voltar atrás. Ele vai persistir. Então seu corpo inteiro reage:

uma gripe o deixa de cama, ardendo em febre, com feridas na garganta, nos lábios, no céu da boca, a ponto de não conseguir engolir. Numa madrugada, Renata tem de levá-lo à emergência. Assim que supera esse primeiro transe, o próprio Daniel vê o Grande Monstro chegando. Consegue pedir ajuda, vai aos serviços psiquiátricos da universidade, decide que deve abandonar as sessões de terapia on-line, que manteve durante a transição com seu médico de Bogotá, e substituí-las por sessões presenciais com um médico local. Então ele conhece o dr. R em Nova York, que, segundo seu psiquiatra de Bogotá, lhe aplica um tratamento de choque que acalma as visões paranoicas que começam a surgir em sua cabeça. Daniel dorme profundamente. Durante três dias, mal se levanta para ir ao banheiro ou comer alguma coisa. Agora ele sabe também que os demônios o perseguem em qualquer parte da Terra.

***

Em outubro, o dilema da família é atroz: Daniel deve voltar para casa? Defendo que ele não deve voltar, acovardado, triste, vencido, depois de uma batalha de um ano para chegar aonde está, para viver como um filhinho da mamãe, ser professor de adolescentes e se resignar quanto a não fazer uma pós-graduação. Nem sequer cogitamos essa possibilidade. Ele – saberei disso muito depois por suas irmãs – cogita voltar, calcula quanto dinheiro lhe devolveriam, mas não tem coragem de tomar uma decisão. Sugiro, com muita delicadeza, que considere uma mudança de curso, concentrando-se no estudo de arte, mas ele afirma, desafiador, que nunca mais pintará. Imagino que sente raiva de si mesmo.

Daniel passa a se tratar, então, com um novo terapeuta. Alguns meses depois, ele arruma uma namorada. Parece bem, vai a festas, a shows, a museus. No Natal seu pai e eu vamos visitá-lo: nós o livramos do frango frito e dos hambúrgueres, levando-o a bons restaurantes. Ele fica mais bonito com sua jaqueta nova de inverno. Não sabemos, mas ele imprimiu alguns cartões com design próprio, cheio de sofisticação, que encontraremos em seu armário depois de sua morte e que dizem:

DANIEL SEGURA B.
Art Administrator
M. A. Candidate
Columbia University

O futuro então parecia conter uma promessa. Quando nos despedimos dele, com um abraço e um beijo, não sabemos que não o veremos de novo.

***

Como vão as coisas, Dani? O rosto que vejo na tela esboça um sorriso que alegra por um instante o semblante desalentado: "Difícil, difícil". Algumas disciplinas são extremamente áridas: leis dos Estados Unidos, comércio, contabilidade. *Contabilidade, Dani, que pesadelo é esse?* Sim, ele precisa cursá-la em outro departamento, provavelmente no de economia, com estudantes muito adiantados. Renata, que revisa o inglês de seus trabalhos, diz que estão piorando a olhos vistos. Eu me pergunto, horrorizada, se Daniel pode estar perdendo as capacidades cognitivas. Talvez fosse o remédio, me explica o dr. E depois de sua morte. Ao que parece, o novo terapeuta não regula periodicamente a dosagem da medicação, como sempre fora feito, e o mantém com uma dose muito alta.

Daniel reclama com Renata – nunca conosco – de sono, de falta de concentração na leitura. Ainda assim, suas notas não são ruins. Mas quando está cursando o segundo semestre, surge mais uma exigência: terá que fazer um estágio em um museu durante o verão. Ele começa a distribuir currículos, pequenos ensaios que precisam justificar por que ele deve ser aceito em virtude de seus interesses e conhecimentos. MoMA, Guggenheim, Whitney, El Museo del Barrio. Em fevereiro ou março – não sei ao certo, a memória sempre mente –, ele termina de maneira abrupta com a namorada, como fez em ocasiões anteriores. Pamela, sua colega de apartamento, nos diz, semanas depois de sua morte, que ele parecia entristecido e silencioso. Chegam uma, duas, três cartas negando a possibilidade de estágio. Ele também precisa apresentar o tema de seu trabalho de conclusão. Decide falar do Museu Nacional da Colômbia, sua missão, seus objetivos. O terapeuta, que o vê apenas de quinze em quinze dias, recomenda que ele diminua o estresse. Sugere que faça o mestrado em cinco semestres em vez de quatro. Daniel nos consulta sobre essa decisão, que traz consequências econômicas consideráveis, e nós, conscientes das implicações de um não, dizemos a ele que é claro, leve o tempo que precisar. Mas a universidade o faz desistir: é muito provável, dizem, que a imigração não renove o seu visto, e seu esforço de dois anos seja totalmente em vão. Então, além do estágio, se é que ele vai conseguir um, deverá fazer três cursos no verão. Ele se matricula. E começa a estudar para as provas do fim do semestre. Contabilidade. Passa horas trabalhando pela internet com o pai, tentando esclarecer conceitos.

Em uma de nossas conversas, ele conta que seu psiquiatra ultimamente vem chegando atrasado nas sessões, e que não compareceu na consulta anterior. Muito abalado, decide não voltar. Ficamos preocupados e falamos com Renata: *Pelo amor de Deus, você precisa arrumar um substituto!* Ela nos conta dias mais tarde que o médico telefonou várias vezes para que Daniel voltasse à terapia, mas ele não atendeu às ligações.

Duas semanas depois, Daniel consegue uma consulta com a dra. C, aquela que nunca teve em mãos seu histórico médico. Parecia que tudo estava relativamente sob controle outra vez. No entanto, vinte dias depois, na quinta-feira, 12 de maio, ao meio-dia, Daniel entra na prova de contabilidade, vê as perguntas, percebe que não entende nada, que está confuso, como se não tivesse lucidez, e num rompante de impaciência abandona a sala sem responder às perguntas.

São os fatos. Olho para seu lindo cartão, desenhado por ele: M.A. Candidate. O futuro já não parecia prometer mais nada.

***

Naquela mesma quinta-feira, 12, pela manhã, haviam me ligado muito cedo da Casa de América, na Espanha, para anunciar que eu tinha ganhado o prêmio de Poesia Americana. Recebi a notícia no leito amargo da minha recente convalescência, com uma alegria que atenuou minhas dores, e obviamente os primeiros a saber foram meu marido e meus filhos, incluindo Daniel. Foi no meio da tarde, por uma ligação que recebi de Renata, que descobri que ele tinha fracassado na prova de contabilidade. O contraste amargo entre o sucesso obtido por mim e seu fracasso doeu na minha alma. Quando consegui me comunicar com ele, fiz um esforço para minimizar o acontecido, para caçoar da contabilidade, para fazê-lo enxergar que nem mesmo assim ele seria reprovado na disciplina. Repeti mais uma vez, com intenção de animá-lo, que ele era antes de tudo um artista, um pintor, um desenhista. Daniel me ouviu sério, seco, sem convicção: sem dúvida seu perfeccionismo, as exigências que fazia a si mesmo, tinham desaguado em uma frustração profunda. Então, em um último esforço para levantar seu ânimo, fiz a ele uma proposta, fruto de uma iniciativa de Renata: como os dois estavam cansados, que fossem fazer uma massagem em um spa por conta do prêmio. *Vá ao melhor spa de Nova York, pois agora sou rica*, disse a ele brincando.

Nessa mesma noite, Daniel foi tomar uma cerveja com seus colegas de apartamento. Pamela o achou triste, desalentado, e bagunçou seu cabelo, fez piadas, lembrou a ele que aquele fracasso não era grave. Mas a tempestade perfeita já havia se armado em Daniel. Às onze da noite, uma hora depois de cada um se trancar em seu quarto, Daniel sai do seu, bate na porta de Pamela e entra com um sorriso, a abraça com força e diz *obrigado por tudo*, com voz emocionada. É uma despedida.

Daniel e a irmã passaram a tarde toda de quinta-feira no spa, primeiro na piscina, depois na sauna, e depois cada um recebendo massagem. Renata me diz que ficaram conversando, com a maior naturalidade, sobre seu possível estágio, os cursos de verão e algumas outras coisas de seu futuro. Mas que na hora do jantar, prontos para receber Camila, que chegava a Nova York com seis meses de gravidez para passar suas últimas férias de verdade antes de se tornar mãe, ele parecia muito cansado e distante. Nessa mesma hora, quando perguntei a ele por telefone como tinha sido tudo, Daniel se mostrou muito satisfeito. Antes de desligar, disse *obrigado pela massagem, mãe,* com uma voz tão insolitamente cheia de ternura que me deixou à beira do choro. Meu menino indefeso, pensei, tratado tão injustamente pela vida. A Vida que, nas palavras de Kertész, não tem qualquer relação com o sentido.

***

Améry usa, em vez de "fracasso", a palavra *échec,* termo francês que lhe parece ser o mais preciso. Ele nos conta que o suicida olha para trás, faz um balanço, vê seu passado como algo infame, e "resume todos os fracassos de sua existência no sentimento do *échec*".

***

No sábado, quando fui avisada de que Daniel estava se sentindo mal e aceitava ir para uma clínica, lembro que meu coração se encolheu e que depois de dar a notícia a Rafael eu disse, exatamente, estas palavras: *temos que começar a pensar que o Dani não vai acabar bem.* Faltavam apenas duas longas horas para sua morte. Então sentei em meu sofá macio de sempre, onde passo muitas horas lendo, e me lembrei de um conto de Raymond Carver, "Uma coisinha boa".[12] E algo dentro de mim produziu um pensamento aparentemente absurdo: Daniel já vai estar morto quando eu receber a conta do spa.

***

Em "Uma coisinha boa", Ann Weiss encomenda ao padeiro um bolo para seu filho Scotty, que fará aniversário na segunda-feira seguinte. Mas nessa mesma segunda o menino é atropelado por um carro, e pouco depois perde a consciência e é levado para o hospital. Quando seu pai volta para casa, depois de horas de vigília ao lado de sua cama, atende uma ligação do padeiro: "Tem um bolo aqui que ninguém veio buscar". O pai responde que não sabe de bolo nenhum. Essa ligação vai se repetir de maneira cada vez mais absurda e sinistra enquanto os pais se revezam no hospital: o padeiro, que nem se identifica mais, aparentemente decidiu fazer piadas macabras como uma pequena vingança. Enfim o menino morre. O conto termina quando os pais, desolados, depois de adivinhar quem é o canalha que os faz lembrar de Scotty em ligações nas horas mais insólitas, o visitam em sua padaria à noite. Um final inquietante, desolador, poético.

***

O que me fez antecipar a morte de Daniel dessa forma contundente, brutal? Alguns dirão que é o vínculo íntimo, a ligação maternal que cria uma comunicação capaz de ultrapassar as fronteiras do tempo e do espaço. (De fato, uma pessoa próxima, propensa ao pensamento mágico, ao me ver sofrendo pela viagem de Daniel para Nova York, sugeriu que eu o abraçasse à distância, que o acariciasse imaginariamente e o consolasse por seus possíveis pesares. E fiz isso algumas vezes, como os desesperados que recorrem a xamãs ou médiuns em busca de pessoas desaparecidas.) Eu, porém, acredito que uma profunda empatia pelo meu filho me fez saber que ele não resistiria a outra crise, que seu cansaço depois de oito ou talvez mais anos de luta era intransponível.

Daniel dormiu na noite de sexta-feira no apartamento de um vizinho e amigo de Renata que estava viajando. No sábado, ele desceu cedo para tomar café da manhã e todos perceberam que estava distraído, mas sua justificativa foi que estava exausto. Enquanto minhas filhas saíram para levar Miranda, minha neta de três anos, a uma aula de espanhol, Daniel tomou banho e saiu para pegar o trem para casa. Quando Renata ficou sabendo, ligou para ele, preocupada, e ele disse que não estava se sentindo bem, mas que ia descansar um pouco e à tarde se falariam para combinar a ida a um show. Minhas filhas ficaram angustiadas. A uma segunda ligação de Camila, que perguntou se queria ser levado ao hospital, ele respondeu que sim. Daniel já tinha chegado ao seu apartamento no Upper East Side. "Estamos indo te buscar", disse Renata. Do Brooklyn até Manhattan levaria no mínimo quarenta e cinco minutos. Foi então que me ligaram, quando soube que ele estava mal, quando disse que deveríamos começar a nos acostumar com a ideia de que seu final não ia ser bom. Ao meio-dia e quarenta e cinco, por Skype, escrevi: "Daniel, você está aí? Lindo, não se desespere, suas irmãs já estão indo te buscar". Não tinha como saber que àquela hora, uma e quarenta e cinco da tarde em Nova York, ele já tinha se jogado no vazio. Ao que parece, meus abraços não alcançaram Daniel.

***

De quantas maneiras é possível se suicidar? Há algumas mais doces, estéticas, românticas que outras? Existem as repulsivas, como o enforcamento – que não leva em consideração o pobre miserável que encontrará o cadáver –, ou as torturantes, como o envenenamento: Lugones, que ingeriu uísque com arsênico para morrer, teve tantas convulsões que a cama em que jazia se deslocou de um lado a outro do espartano quarto de hotel onde estava hospedado. Existem também as que são absurdas e dolorosas ao mesmo tempo, como a autodegolação, ou a de quem morre batendo a cabeça nas paredes da cela. E as orgulhosas e cercadas de rituais, como a de Mishima, que cometeu haraquiri diante da tropa japonesa. E existem as mortes doces, dizem, como a de quem afunda na neve e morre congelado, ou a de quem liga o motor do carro num local fechado e morre asfixiado. O mais asséptico dos suicídios é talvez o de quem ingere uma quantidade tão grande de soníferos que afunda silenciosamente em uma escuridão sem limites. E o mais estético, embora não menos atroz, é o de quem entra na água com os bolsos cheios de pedras.

Um dos autores que li lembra, contudo, que às vezes não é possível escolher como morrer. Que o soldado usará sua arma, e o médico o bisturi, e o farmacêutico uma dose de barbitúricos. A morte de Daniel deve ter sido por impulso, penso, pois se jogar no vazio é violento demais para alguém tão delicado e pacífico. Mas também muito eficaz, sobretudo se a pessoa tiver a coragem de subir correndo até o sexto andar e tomar impulso. Seu suicídio é do tipo drástico, que não aposta nem por um instante na sobrevivência.

**

A autópsia revelou, dois meses depois, que não havia vestígios de medicação no corpo de Daniel. Nós entendemos, mas não completamente. Daniel parou de tomar o antipsicótico para combater o sono e a letargia durante o período de provas? Ou o fez por rebeldia, para se testar, porque se sentiu definitivamente derrotado, para desafiar a morte? *Daniel atingiu etapas completas de normalidade, de plenitude, de felicidade*, me diz dr. E, talvez quem melhor o conhecia. Mas, ao interromper a medicação, seus pensamentos se dissociam, se alteram. Volto a Barnes: "Eu, ou mesmo eu, não produzo pensamentos; os pensamentos é que me produzem". Em outras palavras, eu sou a minha mente. É nela que reside a minha personalidade em toda sua integridade, o que sou. Mas agora a minha personalidade está dividida. Sou habitado por outro, e esse outro me faz lembrar, infelizmente, de quem sou de verdade. Não posso ser um nem outro. Sem remédio, eu não sou eu. Com remédio, deixo de ser. Eu mesmo sou a quarta parede.

***

É verdade que às vezes sinto pena de mim mesma, sucumbo à autopiedade, mas a Grande Dor que me domina é a que nasce quando me pergunto o quanto Daniel sofreu ao longo dos seus últimos meses, mas sobretudo em suas últimas horas. Eu me pergunto se houve uma luta interna em meu filho antes de ele tomar a decisão final. É fácil pensar que naquele meio-dia ele estava alucinando. *Tenho convicção de que foi o que chamamos de suicídio de curto-circuito*, me diz o psiquiatra, *um suicídio por impulso*. Mas o suicida, por mais alienado que esteja, não perde completamente a consciência que o torna humano. E Daniel não só teve sempre um pé na realidade, na lucidez, mas também, como diz A. Álvarez, "por mais impulsivo que seja o ato e por mais confusos que sejam os motivos, quando uma pessoa decide finalmente tirar a própria vida, ela alcançou certa clareza passageira". Penso que no dia anterior à sua morte, submerso na piscina, ele conversou com Renata com a sensatez de uma pessoa "normal". Que naquela mesma noite ele me agradeceu emocionado. Penso no relógio, na carteira, no iPod e no telefone dispostos cuidadosamente sobre a escrivaninha, em sua jaqueta pendurada no encosto da cadeira. E tento imaginar os vinte ou trinta minutos em que esteve sozinho, levantando a quarta parede de sua desesperança.

Qual o tamanho da dor de quem se despede de si mesmo? Daniel amava seu corpo, cuidava dele, mimava-o, vestia-o com esmero. Será que sentiu dor ao saber que o estava abandonando, que estava *se* abandonando para sempre? Mas Daniel também devia odiar aquele corpo que o traía, que o agredia, que o expunha ao medo, à confusão, ao delírio, e que de forma sorrateira o tornou diferente dos outros, diante de quem ele se via obrigado a representar serenidade e lucidez. E muitas vezes deve ter odiado a vida, aquela que tanto amava, por ter escolhido justamente ele para sacrificar.

Não teria mais que enfrentar responsabilidades extenuantes. Não teria mais que guardar um segredo, nem sorrir por obrigação, nem ter sucesso, apesar de se sentir distante ou com medo de tudo, cansado, confuso, abatido por saber que estava condenado para sempre. Não teria mais...

Compreender a magnitude da liberdade que teria talvez tenha lhe dado a paz momentânea e a força para se abandonar e abandonar o mundo. Dizem que, assim como a dor física extrema pode nos fazer perder a consciência do espírito, a dor espiritual pode fazer com que esqueçamos o sofrimento do corpo.

Quero pensar, como o médico, que Daniel não lutou conscientemente essas batalhas; quero pensar, como Renata, que Daniel não se jogou, mas voou em busca de sua única liberdade possível.

***

Por orgulho
por raiva
por medo
por falta de fé em si mesmo
por coragem
por vergonha
por gentileza com os outros
por alienação
por desesperança
por desencanto
por ódio a suas próprias escolhas
por frustração
por amor à pintura
por ódio à pintura
por dignidade
por horror ao fracasso

porque, como diz Salman Rushdie, "A vida deve ser vivida até que não possa mais ser vivida".

***

Todo suicídio contém uma mensagem para os que ficam. Nós que o amávamos jamais saberemos onde estávamos em seus últimos pensamentos, nem que palavras chegou a sussurrar para nós. Releio as conversas no Skype: *mãe, não fica triste*, diz Daniel, quando uso um emoticon para demonstrar minha preocupação porque ele está começando a ter uma crise.

Eu o amava, cuidava dele, daquela maneira elementar e ao mesmo tempo íntima com que nós mães amamos e cuidamos dos nossos filhos: Dani, não desça a escada correndo de meia. Encomendei o seu livro na Amazon. Melhor você não sair dirigindo. Trouxe vitaminas pra você. Coloca o cachecol, você vai pegar um resfriado. Quer um sanduíche? Não deixe de comer legumes. Se você quiser, eu te ajudo a revisar o trabalho. Quer uma massagem?

Mas nenhum amor é útil para quem decidiu se matar. No momento definitivo, o suicida só deve pensar em si mesmo para não perder a força. Inclusive, uma das razões para escolher esse fim é que nosso carinho pesa demais sobre ele.

***

Me liga pra combinar o show da tarde. Essas palavras de Daniel me fazem saber que a vida foi uma opção para ele até o último instante: maio e suas chuvas e o adeus ao inverno e seus jardins floridos. E em seguida o verão, com as ruas agitadas, os shows, as viagens à praia. (No entanto, leio que, de acordo com as estatísticas, os suicídios ocorrem com mais frequência em maio e junho, esses meses que pareciam ser os mais vitais e alegres.)

Mas na batalha que ele travou com as sombras, elas ganharam. Quando minhas filhas quiseram fazer a travessia que levava à sua casa, para onde correram para salvá-lo, depararam-se com uma rua fechada. Como sempre, tudo na vida é uma questão de tempo.

***

Kertész diz que logo antes de morrer aflora no rosto de quem agoniza "um assombro repentino. [...] Então se dá conta de algo, de algo irreparável...". Terá aflorado no rosto de Daniel esse assombro repentino? Como se para aliviá-lo, mas talvez para me aliviar, tem dias em que faço a imagem do meu filho vir até onde estou, para abraçá-lo, beijá-lo na testa, acariciar sua cabeça, como fiz o quanto pude, e dizer em seu ouvido que sua escolha foi legítima, que é melhor a morte a uma vida indigna atravessada pelo horror de saber que o eu, que é tudo o que somos, está habitado por outro.

IV. O FINAL

Hoje me lembro das suas mãos
de seu sorriso e dos seus olhos
que sei que foram dois trovões
e agora são dois céus partidos.
Canción de Cuna
(canção popular flamenca)

[...] Por favor, volte.
Por favor, exista. Mas nada acontece...
Mary jo Bang

Viver um luto: uma experiência até agora desconhecida para mim. Tanto se escreveu e se estudou a respeito que, aparentemente, todo sentimento ou reação já foi catalogado. Há etapas, dizem os que sabem, ciclos que o cérebro experimenta.

Faço anotações, me observo. Agora sei que a dor da alma se sente primeiro no corpo. Que ela pode nascer de improviso, em forma de um desalento repentino, de borboletas no estômago, de náusea, de tremor nos joelhos, uma sensação de garganta fechada. Ou apenas de lágrimas quentes que aparecem sem serem chamadas.

(Um sentimento puro alojado na amígdala – meu terapeuta me diz – que surge sem necessidade de pensamento associado.)

Sei que em determinados momentos minha dor beira a loucura. Há também instantes brevíssimos de lucidez, de compreensão: não, Daniel *nunca mais* vai voltar. É como se essas palavras afetassem uma parte do meu cérebro, fazendo-me afundar num estado desconhecido, impossível de descrever com palavras exatas. Um estado semelhante àquele que na minha infância precipitou a descoberta do conceito de eternidade, e que se petrificou na minha mente em forma de metáfora: um mar negro, infinito, sem margens, causando tanto horror que me dava enjoo.

Sei também que podemos permanecer serenos diante da fotografia de alguém que perdemos e alguns minutos depois começarmos a chorar com o sabor de um prato que nos faz lembrar desse alguém, ou apenas com o zumbido de uma serra no meio de uma tarde silenciosa. Que tememos esquecer a voz, o cheiro, quem sabe talvez o rosto.

E que não há dor mais solitária. Escondo minhas lágrimas, não por vergonha de chorar em público, mas porque não quero transferir meus rompantes de dor para meus pais, minhas filhas, meu marido. E porque nenhuma palavra expressaria verdadeiramente o sentimento.

Passam-se dias, semanas, e uma sensação de incredulidade, de estupefação, ainda nos persegue. Renata tem um pensamento persistente: Daniel vai bater em sua porta e mostrar perplexidade, entre chateado e triste, por ter sido expulso de sua casa, de suas roupas, de seus livros. Quem se atreveu a fazer isso durante sua ausência?

Enquanto faço um inventário de sua obra para o livro que daremos de presente a amigos no dia do seu aniversário, há momentos em que não sei se se trata de um desenho feito a carvão, grafite ou lápis. Então penso que tenho que ligar para Daniel porque só ele pode tirar essa dúvida.

Persiste em mim a sensação de que esta é uma situação provisória, circunstancial. Sinto que *algo* está prestes a acontecer, que *algo* tem que acontecer. E de repente compreendo: choro e nada acontece. Escrevo e nada acontece.

Não, isso que espero não vai acontecer.

***

Uma semana depois de sua morte, tenho o primeiro sonho: vejo somente o rosto de Daniel, como num close-up, atrás de um vidro. Está dormindo. Bato no vidro, um pouco para acordá-lo, um pouco para açoitar a sua cara, castigando-o. De repente o plano se abre e me dou conta de que estou vendo um quadro emoldurado.

Das imagens do sonho, bastante óbvio em sua simbologia, o que mais me impressiona é a assepsia: o rosto de Daniel tem a cor e o vigor que teve em vida. E o vidro não só o separa de mim como também o protege. Isso acontece, digo a mim mesma ao acordar, porque nunca vi seus restos mortais nem constatei nenhum dos sinais da morte. Em minha memória ele será belo, jovem, doce, para sempre.

Nas semanas seguintes, tenho outros dois sonhos e em ambos há água. Em um deles, eu o vejo no chuveiro, oculto pela cortina, que quando abro me permite vê-lo bem de perto, um plano dos ombros e do rosto. Eu o abraço e imploro: *Dani, não morra, não faça isso comigo*. E ele olha para mim com uma cara triste, encosta a cabeça no meu ombro. Adivinho seu pensamento: *mãe, não posso fazer mais nada*.

No outro, chove a cântaros. Daniel chega encharcado, mas estende para mim um guarda-chuva que carrega fechado, para que eu não me molhe.

Quase um ano e meio depois, há um quarto sonho, e nele reaparece a imagem da água: Daniel está dormindo provisoriamente em nossa casa, num quartinho. De repente diz que vai sair. Mostro a ele que lá fora está trovejando, que vem vindo uma tempestade. Mas ele parece decidido a ir embora. Argumento, ansiosa, como aquelas mães que sabem de antemão que seus conselhos não serão ouvidos: você não precisa ir, esta é a sua casa, Dani. Mas Dani já partiu.

***

Depois da morte de Daniel, quando meu amigo, o escritor Antonio García, descobre que estou escrevendo este livro, decide me dar de presente *O acontecimento*, o belo e franco livro de Annie Ernaux. Nele leio isto que copio aqui: "Pode ser que um texto como este provoque irritação, ou repulsa, ou seja considerado de mau gosto. Ter vivido uma coisa, qualquer que seja, dá o direito imprescritível de escrevê-la. Não existe verdade inferior".[13]

Dá o direito, sim. Mas eu me pergunto por que faço isso.

Talvez porque um livro é escrito sobretudo para se fazer perguntas.

Porque narrar equivale a distanciar, a dar perspectiva e sentido.

Porque contando minha história talvez conte muitas outras.

Porque, apesar de tudo, da minha confusão e do meu desalento, ainda tenho fé nas palavras.

Porque embora eu inveje quem consegue fazer literatura com dramas alheios, só consigo me alimentar das minhas próprias entranhas.

Mas sobretudo porque, como escreve Millás, "a escrita abre e cauteriza ao mesmo tempo as feridas".

***

"Os mortos só têm a força que os vivos lhes dão, e se eles a retiram...",[14] diz Javier Marías. Tentando preservar Daniel de uma morte definitiva, começo a examinar sua obra, a classificá-la. Encontro, impecavelmente organizada, uma pasta que diz: "Desenhos da infância". Estão ali os trabalhos infantis que algum dia eu guardei, e dos quais não me lembrava. Também as obras do início da adolescência. Há pinturas a óleo, gravuras, pelo menos duzentas obras. Seleciono umas quantas, as melhores, e peço a meu amigo Óscar Monsalve, fotógrafo de obras de arte, para fazer um arquivo, antecipando-me ao que será inevitável: a divisão de seu pequeno legado. Crio com Camila um blog que mostra seus vinte melhores trabalhos.* E escrevo, escrevo, escrevo este livro, tentando substituir a minha relação com o Daniel que morreu por outra, com um Daniel reencontrado em paz.

"Os mortos só têm a força que os vivos lhes dão..."

***

Levo meus pais ao parque, para dar uma volta, tomar um chá. Eles estão chegando aos noventa anos, perderam o único neto homem, estão tristes. Meu pai anda devagar, com aqueles passos curtos e hesitantes dos velhos que perderam os reflexos. Ouve mal. Minha mãe é mais ágil, mas a memória se deteriorou, e ela sofre por isso. A vida deles agora é de renúncias voluntárias: nenhuma viagem, pouquíssima vida social, comida com pouco sal, pouca gordura. Médicos, rotina, poucos estímulos. A morte, para eles, é algo muito próximo no horizonte, o que os deixa inquietos ao menor sintoma. Posso imaginar os pensamentos

---

*Disponível em: < www.danielsegurabonnett.blogspot.com >. Acesso em 6 jan. 2024.

que os rondam antes de dormir, os que os assaltam toda manhã, ou quando sentem uma tontura, uma dor, uma pontada na cabeça. Talvez abram bem os olhos nesses momentos, como aquele idoso que conheci na sala de espera do psiquiatra que consulto e que me pergunta, com ansiedade evidente, se eu também faço terapia. Digo que sim, ainda que naquele momento isso não seja exato. E adianta, sente alguma melhora? Em seus olhos posso ver uma esperança remota. Sim, respondo, porque sei que é isso que ele precisa ouvir.

***

Sempre soube que Daniel morreria de forma prematura, mas nunca imaginei que seria tão cedo. Penso, talvez em busca de consolo, naqueles que morreram jovens: Keats aos vinte e cinco, Sylvia Plath aos trinta, Schubert aos trinta e um, Alexandre, o Grande, aos trinta e dois, Alejandra Pizarnik aos trinta e seis... Penso também em Márai, que se suicidou aos oitenta e oito anos. Mortes que nos magoam ou nos chocam. Mas centenas de falecimentos acontecem todos os dias. E, não minto para mim mesma, sei que a do meu filho é apenas uma dessas mortes infinitas.

***

Num estranho rompante, digo ao mestre de obras que veio consertar uma parede com infiltração, que quero que pinte o quarto de Daniel. Retiramos os quadros, a coleção de máscaras. Embalo-as em plástico, coloco-as delicadamente em seu armário. Agora o quarto exibe paredes nuas, brutalmente brancas, e seu armário já está sem roupas.

Meu irmão veio buscar alguns sapatos que lhe prometi.

E um dia descubro, com infinita tristeza, que meu marido apagou a voz de Dani da secretária eletrônica. *As pessoas ficavam impressionadas*, ele diz.

***

Em agosto nasce Carmen, a filhinha de Camila. Reunidos em volta do berço, nós a celebramos, emocionados. Ninguém quer falar de Daniel, mas todos estamos pensando nele. É uma menininha linda, de rosto redondo e liso, como os bebês nascidos de cesárea. Alguém diz que os olhos e o nariz se parecem com os de Camila. Minha mãe fala que eu era assim quando pequena. O queixo, definitivamente, é igual ao do pai. Aí está, na carinha dela, a memória dos genes.

***

Novamente preciso falar de um conto de Nabokov. Nele o autor apresenta um pai que na noite de Natal, "dominado por uma crise de intensa tristeza", entra no quarto que no verão serviu de escritório para seu filho morto. Entre as coisas que revê em sua mesa, encontra, em uma caixa de biscoitos ingleses, "um grande e exótico casulo que havia custado três rublos". O pai, soluçando com o corpo todo, recolhe em uma caixa de madeira tudo encontrado ali: uma rede, um saco de tarlatana, um caderno azul cheio de anotações íntimas, a tábua onde cravava os exemplares colecionados, e a caixa com o casulo, e os leva até seu quarto.

E Nabokov escreve:

[...] teve a fugaz sensação de que a vida terrena jazia à sua frente, totalmente desnudada e compreensível, e horrenda em sua tristeza, humilhantemente sem sentido, estéril, desprovida de milagres... Naquele instante, houve um estalo: um som agudo como o de um elástico de borracha que se estica demais e se rompe. Sleptsov abriu os olhos. O casulo dentro da caixa de biscoitos estava rasgado na ponta e uma criatura negra, enrugada, do tamanho de um camundongo, estava escalando a parede acima da mesa. Parou, agarrada à superfície com suas patas negras e peludas, e começou a palpitar de um jeito estranho. Tinha emergido da crisálida porque um homem tomado pela dor havia transferido a lata para o seu quarto aquecido, e o calor penetrara seu rijo envelope de folha e seda.

Alguns segundos depois, o personagem presencia como "em vez de um camundongo escuro, estava uma grande mariposa *Attacus*, igual àquelas que voam como pássaros em torno das luzes no entardecer indiano"

O final não poderia ser mais bonito:

E então aquelas grossas asas negras, com uma brilhante mancha-olho em cada uma e um vigor arroxeado empoando as pontas em gancho, deram um profundo suspiro sob o impulso de uma terna, arrebatadora, quase humana felicidade.[15]

ENVIO

Dani, Dani querido. Uma vez você me perguntou se eu te ajudaria a ir até o fim. Nunca disse isso em voz alta, mas já pensei mil vezes: sim, eu te ajudaria, se dessa forma pudesse evitar o seu imenso sofrimento. E, veja, não pude fazer nada. Por isso, agora, tentei dar um sentido à sua vida, à sua morte e à minha dor. Outros erguem monumentos, gravam lápides. Eu pari você novamente, com a mesma dor, para que viva um pouco mais, para que não desapareça da memória. E fiz isso com palavras, porque elas, que são móveis, que falam sempre de forma diferente, não petrificam, não fazem as vezes de túmulo. São o pouco sangue que posso dar a você, a mim.

NOTAS

1. AUSTER, Paul. *Diário de inverno*. Trad. de Paulo Henriques Britto. São Paulo: Companhia das Letras, 2014, p. 7.

2. SZYMBORSKA, Wisława. "O quarto do suicida". In: *Poemas*. Trad. de Regina Przybycien. São Paulo: Companhia das Letras, 2011, pp. 61-2.

3. MARÍAS, Javier. *Os enamoramentos*. Trad. de Eduardo Brandão. São Paulo: Companhia das Letras, 2012, p. 340.

4. ÁLVAREZ, A. *The Savage God: A Study of Suicide*. Nova York: W. W. Norton & Company, 1990.

5. ANDERSON, Carol. M.; REISS, Douglas; HOGARTY, Gerard. *Esquizofrenia y familia*. Madri: Amorrortu Editores España SL, 2001.

6. NABOKOV, Vladimir. "Signos e símbolos". In: *Contos reunidos*. Trad. de José Rubens Siqueira. São Paulo: Alfaguara, 2013, pp. 726-727.

7. MARÍAS, Javier. *Os enamoramentos*, op. cit., p. 288.

8. BORGES, Jorge Luis. "A loteria na Babilônia". In: *Ficções*. Trad. de Davi Arrigucci Jr. São Paulo: Companhia das Letras, 2007, p. 57.

9. NABOKOV, Vladimir. "Signos e símbolos", op. cit., pp. 729-730.

10. AMÉRY, Jean. *Hand an sich legen: Diskurs über den Freitod*. Berlim: Klett-Cotta, 1999.

11. BONNET, Piedad. *Explicaciones no pedidas*. Madri: Visor Libros, 2011.

12. CARVER, Raymond. "Uma coisinha boa". In: *68 contos de Raymond Carver*. Trad. de Rubens Figueiredo. São Paulo: Companhia das Letras, 2010.

13. ERNAUX, Annie. *O acontecimento*. Trad. de Isadora Araújo Pontes. São Paulo: Fósforo, 2022, p.35.

14. MARÍAS, Javier. *Os enamoramentos*, op. cit., p. 281.

15. NABOKOV, Vladimir. "Natal". In: *Contos reunidos*, op. cit., 2013, p. 178.